国家出版基金项目
NATIONAL PUBLICATION FOUNDATION

内地
社会工作实务手册
香港督导经验汇编

香港·社会服务发展研究中心　主编

U0891411

全人乐·乐传人

正向心理学实务手册

ZHENGXIANG XINLIXUE
SHIWU SHOUCE

香港·社会服务发展研究中心　著

中山大学出版社
SUN YAT-SEN UNIVERSITY PRESS
·广州·

图书出版编目（CIP）数据

正向心理学实务手册/香港·社会服务发展研究中心著.—广州：中山大学出版社，2013.6

（内地社会工作实务手册：香港督导经验汇编/香港·社会服务发展研究中心 主编）

ISBN 978-7-306-04406-8

Ⅰ. ①正… Ⅱ. ①香… Ⅲ. ①社会服务－社会心理学－手册 Ⅳ. ①C912.6-62

中国版本图书馆CIP数据核字(2012)第309703号

出 版 人：徐 劲
策划编辑：葛 洪
责任编辑：葛 洪
封面设计：曾 斌
装帧设计：林绵华
责任校对：曾育林
责任技编：何雅涛
出版发行：中山大学出版社
电 话：编辑部 020-84111996,84113349,84110779,84111997
发行部 020-84111998,84111981,84111160
地 址：广州市新港西路135号
邮 编：510275 传 真：020-84036565
网 址：http://www.zsup.com.cn E-mail:zdcbs@mail.sysu.edu.cn
印 刷 者：广州市怡升印刷有限公司
规 格：787mm×1092mm 1/16 22.25印张 270千字
版次印次：2013年6月第1版 2013年6月第1次印刷
印 数：1～5000册 定 价：61.00元

如发现本书因印装质量影响阅读，请与出版社发行部联系调换。

《正向心理学实务手册》

编委会成员及鸣谢名单

编委会

周敏姬　梁祖彬　李永伟　陆凤萍　陈艳芳

鸣谢

罗泽全先生（香港临床心理学家暨“全人乐·乐传人”项目顾问）

深圳社会服务机构及社工

特别说明

业内通常将社会工作者、社会工作一并简称为“社工”，循此惯例，本书行文间未对二者加以严格区分，一律简称“社工”，特此说明。

内容介绍

● 深圳社工“全人乐·乐传人”培训项目手册

1. 香港临床心理学家罗泽全先生专题主讲，引导社工认识正向心理概念和理论，使社会服务工作以协助建立正面人生为目标而展开

2. 实践于社会服务工作，让居民认识和强化积极乐观的人生讯息，践行传递快乐理念

3. “全人乐·乐传人”培训工作坊讲义及习作

4. 活动经验分享，内容包括活动计划、目的、目标、流程、内容、细节及注意事项、活动开展具体情况、总结以及香港督导点评

前言

自党的十六届六中全会提出“建设宏大的社会工作人才队伍”任务以来，内地社会工作即开始步入蓬勃发展的轨道。2010年，国务院又明确提出要培养造就一支职业化、专业化的社会工作人才队伍，到2020年使我国社会工作人才总量达到300万人。关于社会工作一系列重大方针政策的出台，无疑标志着我国的社会工作正在迎来一个蓬勃发展的真正春天。

但事实上，内地社会工作依然处于起步阶段，服务使用者对于社会工作或者有所顾虑，或者未必愿意使用，社会工作者的专业角色、专业身份也难以得到应有的肯定。因而，就目前内地社会工作的发展而论，无论是政府、社工机构还是前线社工，都尚存在诸多迷茫。那么，究竟应该如何定义社工，社工到底又该扮演何种角色呢？

所谓社工，乃是系统接受过社会工作专业训练，包括社工价值及理念、个案/小组/社区工作方法及技巧、社会心理学、社会学、统计学、社会行政管理等训练的人员。就其属性而言，社工是一种需要付出有偿劳动的专门职业，通过对人的需要、人与社会不同系统之间互动关系的能动理解，以科学的步骤、计划、方式，介入服务对象的问题理解、问题解决过程，以提升其问题解决能力，并通过促进社会环境的改善而使人生活得更加幸福和谐。在实务工作中，社工担负着诸如危机评估者、倡导者、协调者、经纪人、教育者、赋权者、研究者、辅导者、策划者、关怀者及资源审批者等多重专业角色。究其本质，社会工作者不仅根本区别于“工、青、妇”等组织的工作人员，而且也不等同于民政工作者，更不同于街道、居委会工作人员。因而，突破传统理念的束缚，建设宏大的现代社会工作人才队伍，对于内地社工事业而言，是一项任重而道远的事业。

经过长期不懈的努力，以中西荟萃的政治、经济、文化为发展背景的香港地区，已经较为成功地建立了一套现代社会服务模式，并建立了较为成熟的专业社会工作体系。值

前言

此内地社会工作发展的春天来临之际，加强社会服务经验交流、促进社会服务工作配合，充分发挥香港作为内地改革开放“桥头堡”作用，无论是对香港地区还是对内地社会服务事业发展都会有莫大的裨益。

促进香港与内地社会福利服务的交流和发展，是社会服务发展研究中心（以下简称“社研”）成立的根本宗旨。自2008年起，“社研”便与深圳市社会工作者协会就“深圳计划”展开合作。通过组织香港社会服务机构的资深社工赴深圳为社工提供督导服务，“深圳计划”已经取得了良好成效。受人力及地域等因素的限制，为全国提供督导服务并完成国务院2010年所提出的至2020年培养300万名专业社会工作人才的任务，对于至2011年11月1日仅拥有16608名注册社工的香港而言，几乎是难以完成的使命。针对近年来内地已经出版涉及社会工作各服务领域的很多理论著作，但实务技巧指导书籍相对缺乏的实际情况，“社研”组织此次参与内地督导计划的香港督导集结经验，专门为内地社工、督导与机构编撰成《内地社会工作实务手册：香港督导经验汇编》（以下简称《实务手册》）。这套《实务手册》暂为6册，包括“禁毒”、“学校”、“医务”、“家庭”、“社区”社会工作及“正向心理学”，随后其他社会工作领域实务手册也将陆续问世。在阐述相关服务领域基本理论知识的基础上，这套《实务手册》格外强调经验、实务技巧及案例的分享。使阅读这套《实务手册》的任何一位社工，基本掌握社会工作实际服务手法并能推行服务，是“社研”编撰、出版这套《实务手册》的基本目的。

这套《实务手册》大致采用了统一的编撰体例。具体来讲，《禁毒社会工作实务手册》、《学校社会工作实务手册》、《家庭社会工作实务手册》、《社区社会工作实务手册》和《医务社会工作实务手册》，都是从介绍社会工作及该领域服务的发展背景入手，循序详细阐述了该领域社工的目的、角色、价值、工作范围、服务对象及服务内容，领域社工机构与派驻人员的管理及权责，领域社会工作的考虑要素、挑战及反思，建立服务的过程及主要步骤，领域社会工作的行政要求，领域社会工作成效评估体系，以及社工如何与不同领域及专业人士合作等内容。特别需要指出的是，这套《实务手册》都提供了典型个案、小组和活动分享，并附有香港督导的细致点评，以期使前线社工与督导有所借鉴和参考。《正向心理学实务手册》则在介绍“全人乐·乐传人”培训项目发展背景、目的、理论与意义、服务计划与实践之外，附带了培训工作坊讲义与作业，以便使读者有如同亲自参加工作坊、理解和运用正向心理学的感受。

以“一册在手，良师益友”为指导思想，“社研”编撰这套《实务手册》的根本目的是，为香港和内地业界同仁和单位共同深化社会工作专业发展、推动社会福利服务，发挥抛砖引玉的作用。

序一

中华人民共和国民政部　罗平飞副部长

作为许多国家和地区深化社会服务、创新社会管理、加强社会建设的一项重要制度安排，专业社会工作的兴起和发展，是人类文明进步的一个重要标志。发展专业社会工作，加强专业社会工作人才队伍建设，是中央政府在深刻总结国内外经济社会发展经验、全面把握我国社会发展阶段性特征的基础上，从国家发展全局出发实施的一项重大举措。

近年来，在中央政府高度重视和大力推动下，内地专业社会工作政策制度日益健全、体制机制不断完善、试点实践渐趋深入、载体平台逐步夯实、水平评价稳步推进、教育培养快速发展。专业社会工作在维护社会公平正义、倡导诚信友爱、调节社会关系、激发社会活力、保障社会秩序等方面的职能作用日渐显现。随着《关于加强社会工作专业人才队伍建设的意见》和《社会工作专业人才队伍建设中长期规划（2011—2020年）》的发布实施，内地专业社会工作正迎来新的发展机遇、进入新的发展阶段。而如何切实贯彻落实国

序一

家关于专业社会工作的整体部署和政策要求，加快引进先行国家和地区的经验，尽快提升专业社会工作实践水平，不仅是当前和今后一个时期内地社会工作发展所面临的一项重要任务，也是需要着力破解的一道重大难题。

香港是中国乃至世界专业社会工作发展水平较高的地区。香港社会工作界积极参与内地专业社会工作事务，在合作实施专业社会工作服务项目、协助督导社会工作专业人才、促进专业社会工作实务发展等方面，为内地做了大量工作，创造了不少具有内地风格、体现内地特点的鲜活经验。总结、提炼这些好的经验，对于指导内地专业社会工作发展，显然具有非常重要的意义。作为相对系统而全面地总结、梳理、提炼了内地专业社会工作实务经验的一项有益尝试，社会服务发展研究中心策划编撰的《内地社会工作实务手册：香港督导经验汇编》，是适应内地专业社会工作实践发展需求的一项创新性探索。相信这套《内地社会工作实务手册》的出版，必将进一步丰富内地专业社会工作的研究成果、提升内地社会工作的实务水平。

2011年11月

序二

中央人民政府驻香港特别行政区联络办公室社会工作部
张铁夫部长

值此全国“两会”召开之际，社会服务发展研究中心又一力作《内地社会工作实务手册：香港督导经验汇编》付梓。该书的出版，对帮助内地社工成长具有重大意义，对有志进入内地工作的香港社工大有裨益，我谨此表示衷心的祝贺。

社会服务发展研究中心多年来积极推动香港与内地社会工作的专业交流和合作，成果丰硕，屡获国家有关部门和地方政府及民政部门的好评。2007年至今，积极配合国家大力推进社工人才队伍建设，团结香港业界力量，派出近百名资深香港社工督导，为深圳、东莞、广州等地提供督导及培训服务，极大地促进了深圳等地社工人才队伍建设工作发展，赢得了界内人士和内地有关部门的赞誉。可以说，内地专业社工的发展，凝聚了社会服务发展研究中心辛勤的汗水，体现了他们关心和支持国家发展，服务内地同胞的诚挚感情，我对此深表敬佩。

是次社会服务发展研究中心组织开展内地社工服务的香港督导撰写《内地社会工作实务手册：香港督导经验汇编》，是继《先行先试：深圳社工专业闪亮点》一书后的一大成果，是香港督导参与内地社工督导过程的经验总结。该书融合了香港及内地在禁毒、学校、医务、家庭和社区工作，以及正向心理学等六大领域推行社会服务的理论与规范，既有理论的阐述，更侧重于实务技巧与案例的分析，手册深入浅出，一册在手，让从业者基本掌握专业操作方法，十分值得内地的社会工作者悉心研读。

党的十六届六中全会提出建设宏大社会工作人才队伍的战略决策，在国家民政部的推动下，内地各级政府积极发展专业社会工作。国家提出要培养造就一支职业化、专业化的社会工作人才队伍，到2020年全国社会工作人才总量将达到300万人。可以预见，社会工作将迎来蓬勃发展的明天。我衷心希望社会服务发展研究中心团结界内有志机构和同工，进一步扩大与内地社工专业交流合作的区域与范围，打造与内地交流合作的品牌。祝愿社会服务发展研究中心不懈努力，继续为深化内地及香港的专业社会工作发展，推动社会福利服务作出新的贡献。

2011年11月

序三

香港特别行政区政府社会福利署　聂德权署长

在2011年4月出版《先行先试：深圳社工专业闪亮点》至今的短短大半年间，社会服务发展研究中心又编撰了一套6册的《内地社会工作实务手册：香港督导经验汇编》（以下简称《实务手册》），共6册，就“禁毒”、“学校”、“医务”、“家庭”、“社区”社会工作及“正向心理学”六大社会工作范畴阐述了相关经验、实务技巧和案例。这套《实务手册》的出版，对于极为渴求实务操作知识的内地社会工作者来说，实在是一件难能可贵的事情。

香港的社会工作能够稳健发展，新旧社会工作者能够交替承传，新入职社会工作者可以顺利肩负起不同类别的社会工作，除了有赖资深督导人员的教导外，也十分倚重各类在业界广泛使用的程序指引及工作手册，它们使社工得以应付不同服务的要求。内地的社会工作刚刚起步，需要更多方面的专业化支持，包括督导人员、工作标准、程序指引和工作手册，以让社会工作者更易掌握社会工作理论在实务方面的应用，从而提升工作成效。今天，有赖香港经验丰富的督导人员，透过“深圳社工计划”及其在东莞及“珠三角”地区合作开展的社工培训计划，将他们宝贵的实战经验广泛流传，使内地更多社工能够更快地掌握基本的社会工作实际技巧，进而发挥所学，实践社会工作手法，助人自助，解决个人及社会问题。这套《实务手册》更难能可贵之处在于，将香港地区经验与内地的具体国情有机结合起来。以医务社会工作为例，在处理“三无”病患及内地医患矛盾的同时，也将香港“以儿童为重，家庭为本，社区为基础”的先进服务理念及“一站式服务”手法推展至内地。同时，这套《实务手册》十分重视成效评估，因而提供了详尽的标准和指标，以供社工实际应用。而值得特别一提的是，这套《实务手册》还加入了正向心理学元素，从而在强调处理病态问题的同时，更将社会工作对象延展至正常人。倡导正向心理的目的，乃是透过“全人乐·乐传人”理念，增强社会工作者及受助人的抗逆能力，使其建立积极乐观的人生态度。

序三

这套《实务手册》，实在是香港社会工作督导人员辛劳努力的成果和智力心血的结晶。据此，也可以看出他们默默服务于内地专业社会工作的奉献精神及其为推动内地社会工作发展而敢于担当的责任感和使命感。在为这一崇高精神喝彩之余，我谨此向他们致以万分的敬意。最后，我也借此机会，感谢社会服务发展研究中心（“社研”）一直以来为推动内地社工督导和培训所付出的辛苦和努力。联系香港和内地社会福利界，拉近香港和内地社会工作者的距离，无疑是近年来“社研”的一以贯之的努力方向。为此，我衷心祝愿“社研”在向内地推展社会工作方面能继续取得更大的成就。

2011年11月

序四

深圳市社会工作者协会　李锦灶会长

首先，我热烈祝贺香港社会服务发展研究中心（“社研”）的大作——《内地社会工作实务手册：香港督导经验汇编》的出版问世！

承蒙“社研”邱浩波主席的厚意，邀我为该套手册撰写序言，感谢之至。我非专家学者，更非社会名流，充其量只是一位社会工作爱好者，顶多也只能算作一位热心于推动社会工作发展的实际工作者。本不够资格作序的我，出于合作伙伴的友情，不便推辞，只好滥竽充数。

香港在专业化社会工作和社会服务方面，已经积累了70多年的经验。而包括深圳在内的内地各省市，在这方面仅仅是刚刚起步。有幸的是，我们有香港经验可以借鉴，因而可以走些捷径。也就是说，我们可以站在巨人的肩膀上去攀登高峰。

“社研”一直致力于促进香港与内地社会服务机构的交流与合作，真诚协助内地发展社工专业服务。自2008年开始，“社研”即开始与本会携手合作实施“深圳社工计划”，从而促进了深圳专业化社会工作的大发展，并使深圳成为引领内地社工制度创新城市，为全国起到了带头示范作用。借此机会，我谨以深圳社会工作协会会长的名义道一声："香港社会服务发展研究中心的同仁们，感谢你们对我们的帮助和指导！"

我读了"社研"邱主席发来的关于《内地社会工作实务手册：香港督导经验汇编》（以下简称《实务手册》）简介的邮件，受益匪浅。这套《实务手册》共6册，包括"禁毒"、"学校"、"医务"、"家庭"、"社区"社会工作以及"正向心理学"。这套《实务手册》介绍了上述领域社工的专业操守、服务内容、工作范围、专业价值、评估标准、服务素质、服务流程和模式等。它不仅是一线社工、初级督导的指导教材，同时也是社工机构的管理指南，还可以说是广大社会工作者的良师益友。更难能可贵的是，这套《实务手册》能切实结合中国内地具体情况，以探索社会工作本土化这一重大命题，这无疑将对包括深圳在内的内地社会工作专业化、本土化进程起到巨大的推动和加速作用。

2011年11月

序五

社会服务发展研究中心主席 邱浩波太平绅士

一直以来，社会服务发展研究中心始终致力于推动内地及香港本地社会服务事业的发展。自2008年3月起，“社研”即开始与深圳市社会工作者协会合作实施“深圳社工计划”，先后组织香港的15间社会服务机构派出资深社工为深圳社工提供督导服务。这次深港两地的务实合作，使深圳分享了香港在社会工作实务及制度方面所积累的宝贵经验。截至目前，“社研”所派出的约60名香港社工督导，累计督导深圳社工已超过千人，而且已为深圳培养出了一批优秀的初级社工督导。在2011年10月21日专门举办的表彰大会上，“社研”、“深圳社工计划”的协办机构及香港督导的贡献，受到深圳市政府的正式表彰和高度肯定。尽管“深圳社工计划”已经取得了丰硕成果，但“社研”依然未敢稍加懈怠，而是刻不容缓地于广州、东莞以及内地其他地区，积极开展培养专业社工队伍的工作。上述的不懈努力，现均已初见成效。

序五

因为我们深知以文字保存这些珍贵工作经验的重要性，所以先于2010年4月出版了《先行先试：深圳社工专业闪亮点》。鉴于社会对该书反响十分热烈，而且内地业界对实务技巧指导书籍需求量也非常大等因素，故而“社研”再次组织编撰了这套《内地社会工作实务手册：香港督导经验汇编》（以下简称《实务手册》）。这套《实务手册》共6册，内容涉及“禁毒”、“学校”、“医务”、“家庭”、“社区”社会工作以及“正向心理学”，其他社会工作领域的实务手册也已纳入编撰出版规划。我们认为，尽管不是所有内地社工都有机会接受香港督导的培训，但这套《实务手册》完全可以协助内地社工掌握基本服务工作手法并在内地各省市开展社工服务。就其基本特征而言，《实务手册》实际上不是一套介绍香港社会服务的实务手册，而是切合内地实际情形和具体需求，融香港一般性实务技巧与香港社工督导在内地推行社会服务的本土化经验为一体，兼具本土化与专业性两大鲜明特征的实务手册。

在此，我要特别鸣谢不辞劳苦地贡献于国家的“社研”的相关人员、香港督导以及内地社工，还有这套《实务手册》编撰小组的成员们。如果没有你们的辛勤努力，就没有这套集结六大社会服务领域宝贵经验的手册的问世。最后，我还要诚恳地感谢支持并阅读这套《实务手册》的您！

2011年11月

陈序

建设幸福深圳，追求社会更加和谐，乃深圳社工督导联合培训社工“正向心理学”，组织开展以“全人乐·乐传人”之活动，运用社工资源优势，以便深圳社工倡导乐观积极的人生理念为目标之项目。

深深感激香港临床心理学家暨本项目顾问罗泽全先生不辞劳苦，三度前来深圳主讲有关专题，并提供“全人乐·乐传人”培训工作坊资料，包括讲义及习作，让社工认识正向心理学的概念和理论，以建立正面人生为目标。

在社会服务发展研究中心义务总干事李永伟先生的积极推动下，社研拨出1万元项目经费，为社工提供正向心理学培训，使他们成为协助别人实践乐观积极人生的“快乐教练”。此外，也感谢深圳社会工作者协会对本项目的支持，认可正向心理学的培训时数。

"全人乐·乐传人"工作组成员包括15位社工督导：邹佩芳、陆凤萍、伍绮华、梁燕凤、林淦伟、区慕贞、黄翠珊、杨翠芝、郭慧芳、朱海燕、范楚汉、余国杰、胡德怡、王美玉及本人。前期由邹佩芳统筹，后因邹的工作调动，再由本人承接，最后由陆凤萍完成实务手册的编写工作。

在这半年中，我深深体会到大部分社工均能深化自己所学，内化成为自己生活的一部分，再把这模式实践于社区工作中，更见居民在活动中已被感染。社工实践三个月后之联合培训分享会中，还感受到各社工在应用后之兴奋和喜悦及个人成长。

本实务手册分为三部分，分别为项目编、实践编及训练编，包括培训工作坊的讲义和作业、社工的社区活动报告及他们宝贵的经验分享。这是一本非常实用的工具书，期望社工、教师及有兴趣人士大力推广，使正向心理学的理念广泛在内地传扬，令更多人生活得更快乐！

"全人乐·乐传人"工作组主席
陈艳芳

罗序

随着社会经济发展，人类对生活的要求不断提升。除了少数饱受战乱或政治动荡影响的地区外，生活在地球村的公民愈来愈重视生活的质量，在物质生活以外渴求心理上的满足感。简单而言，便是要真正活得快乐。

在过去数年参与社区计划的工作经验中，我发现快乐人生的理念广泛受到香港的普罗大众所欢迎，以正向心理为主题的培训课程获得热烈而普遍的响应，大部分参加工作坊及讲座的专业人士及普罗大众均对正向人生理念产生共鸣，普遍认同将市民快乐指数提升的愿景，对正向心理学的发展充满期盼。我渴望这种建设社会的力量能延续下去，在不同地区开花结果，更希望能薪火相传，将宝贵的实战经验及知识留存给社会未来的接班人。

快乐七式提倡整全及平衡的生活，整全指兼顾身心及灵性各方面的发展，平衡是关注到人与自己、他人及大自然建立和谐关系的重要性。快乐七式与品格的培育息息相关，两者的最终目标都是让人达致心灵富足的境界，期望这本理论及实务兼备的手册能帮助更多人体验真正的快乐。

香港临床心理学家暨“全人乐·乐传人”项目顾问
罗泽全

目录

目录

目录

目录

A

项目编

1.1 项目背景

正向心理学之“全人乐·乐传人”项目，为社会服务发展研究中心“深圳社工专业督导计划”社区工作组的创新项目。培训一线社工，使他们掌握正向心理学知识，并将其应用于社区活动，以促使服务对象拥有乐观积极人生，是该项目的基本目标。

坚持以人为本，打造和谐深圳，贯彻落实中共中央确立的“十二五”发展主题，全面推动中共广东省委十届八次全会提出的“加快转型升级，建设幸福广东”任务的实现，是“全人乐·乐传人”项目的根本任务。项目致力于建设和谐深圳、幸福深圳，切实提高深圳市民幸福指数，以期使深圳市民“人人是创造幸福的主体，个个是享受幸福的对象”。2009年底，“深圳社工专业督导计划”即在督导深圳社区工作站的社工时开始了正向心理学之“全人乐·乐传人”项目的理论探索。2011年，经南山区数位社区工作督导倡议，“全人乐·乐传人”项目被逐渐推广，并迅速得到了龙岗、西乡、新田及罗湖等地督导的积极响应。

A

“全人乐·乐传人”项目，以将一线社工训练成协助他人实践乐观积极人生的教练为主轴。在通过活动过程实现社会工作目标的同时，使社工自己享受到助人之乐，并追求充实人生，是“全人乐·乐传人”项目的基本内涵。

“全人乐·乐传人”项目，以正向心理学为理论基础，借鉴香港黄大仙及西贡区福利办事处在区内推行“精神健康社区推广计划”经验创建而成。2005年，这项计划在邀得香港临床心理学家罗泽全先生参与工作小组之后，即策划了名为“快乐教练”的培训工作坊，培训前线社福、医护及教育界社工。2005—2006年两年间，培训社福机构、医护及教育界工作人员超过150名；同时，还与两地区团体成员合作，举办了一系列活动，以推广“快乐人生”信息，取得了良好效果。

通过“全人乐·乐传人”项目，将香港经验引入深圳，可算是正向心理学在中国内地推广的一项全新尝试。它对于香港督导来说，本身就是一项挑战。我们在推广过程中发现，将正向心理学应用于内地，极富启发性意味。通过参与本项目，不仅扩展了社工视野，而且还为内地社会工作积累了宝贵经验。

1.2 项目内容

1.2.1 理念及理论支持

“全人乐·乐传人”项目以正向心理学为理论依据，香港临床心理学家罗泽全先生担任该项目的顾问，同时为参与项目的社工提供专业培训。罗泽全先生的有关培训手册为本项目提供了丰富的知识资源。其所谓“快乐七式”，则是“全人乐·乐传人”的实践指南。

1.2.2 正向心理学及“快乐七式”简介

1998年，时任美国心理学会会长的马丁·沙利文博士（Dr. Martin E. Seligman）向同行发出呼吁，倡导从“人如何能活得好一点”着手，透过科学方法寻找快乐元素，引导人们过上充实、愉快、有意义的生活，正向心理学（Positive Psychology）由此而发端。简而言之，正向心理学旨在教导人们如何做一个开心快乐的人，而非探寻心理病态的根源。

正向心理学以研究个人优点、建立积极正面情绪和品格为根本理念。与以问题为中心的传统心理学不同的是，正向心理学致力于对全人成长的探寻，而传统心理辅导的介入，则以解决、消除或减少问题为目的。尽管正向心理学也提倡在正反面之间寻求平衡，以分析和寻找人的优点与潜质，但正向心理学更加强调正面元素，如乐观、快乐和超越自我等。同时，通过对个人长处与潜能的发掘，协助人们面对各种压力与挑战，从而提升抗挫、抗压能力，是正向心理学的重要目标之一。正向心理学包含如下三大基本特征：科学化研究——建立一套以验证为基础的理论，分析和找寻人类的优点及潜能；正向观念倡导——推动正向元素如乐观、愉快和互爱等生长，发掘个人和社会的优点与品德，追求正向人生；抗逆能力提升，发掘、培养和发挥个人的长处与潜能，鼓励人们以积极的态度面对人生的压力和挑战。

就个人层面而言，正向心理学包括如下三大人生目标：快乐人生（pleasant life）——所谓“Life of Enjoyment”，即在生活中成功获得并有效维持过去、现在和将来的正向情绪，包括快乐、自信、平静、满足等，正向情绪的基本元素，包括拓展创造力、增强抵抗力、提升社交能力、提高推动力及扩展变化力；美好人生（good life）——所谓“Life of

Engagement”，就是在生活的各个重要环节，包括家庭、人际关系、工作、子女管教等方面，运用个人独特的优点和美德，去感受人生的满足和美好；有意义的人生（meaningful life）——所谓“Life of Affiliation”，指的是运用个人独特的优点和美德，成就比个人更大的目标，从而赋予生活以更大的意义。

以正向心理学为理论基础，罗泽全先生结合人生目标的三个层次，即愉快人生（pleasant life）、美好人生（good life）、意义人生（meaningful life），引申出“快乐七式”。“快乐七式”包括：第一式，感谢与赞美；第二式，健康乐悠悠；第三式，敬业乐业；第四式，嘉言善意；第五式，为善最乐；第六式，常怀宽厚；第七式，天伦情话。“快乐七式”实操性的充分发挥，使人们对快乐的追求，不再停留于概念层面，从而体现了正向心理学的应用特性。

1.3 项目发展

“全人乐·乐传人”项目工作小组成立于2011年2月，成员是来自南山、龙岗、西乡、新田及罗湖等区域的社区社工督导。项目大致可划分为四个阶段，即计划阶段、培训阶段、实践阶段及分享阶段。

1.3.1 计划阶段

社工督导带领社工对社区内的家庭、妇女、儿童、青少年、青工、老人、残障等各社会工作领域展开系统评估，提出以正向心理学为主干的服务目标及服务方案，把快乐理念融入服务对象的生活，使他们享受快乐，力求促进社区居民实现快乐人生。

1.3.2 培训阶段

香港临床心理学家暨“全人乐·乐传人”项目顾问罗泽全先生，于2011年7月8日、15日为参与“全人乐·乐传人”项目的社工提供了两整天的密集式培训。这两天出席工作坊的社工分别为91人和83人。该培训工作坊的内容相当丰富，涵盖了正向心理学的发展及应用；培训形式也十分多元化，除了讲授外，还开展了小组讨论及练习。部分督导还在集体培训前为自己督导的社工提供了培训，使他们对正向心理学具有初步认识。

1.3.3 实践阶段

2011年7月中旬至10月是“全人乐·乐传人”项目的实践阶段。社工在接受系统性培训后，把正向心理学应用于组织社区活动，是这一阶段的主题。社工督导指导他们优化活动方案及实践，并带领他们总结经验。不少社工在应用正向心理学过程中，也反思了自己的价值观及个人成长经历。

1.3.4 分享阶段

“全人乐·乐传人”项目分享会在2011年10月20日举行，当天共有79位社工出席。曾在实践阶段参与的社工分享了他们的精彩活动，与出席分享会的社工交流了宝贵经验。分享会分亲子和家庭、青少年和儿童、企业、社区及老人五大领域进行，共发布18个项目报告。活泼生动的展示及真诚细致的分享，不但使出席的社工增长了知识，也强化了他们从事社工的信念。“全人乐·乐传人”项目顾问罗泽全先生亦出席了分享会。他在回馈社工实践经验的同时，鼓励社工们深化正向心理学的知识及应用。我们将社工的分享报告编辑为本实务手册的主体内容，期望借此分享社工的实践经验，推动正向心理学在内地的应用。

1.4 项目总结

在“全人乐·乐传人”项目实施过程中，主题性培训发挥了非常重要的作用。事实上，以主题性培训为主要活动形式，极大地丰富了正向心理学的社会工作内涵。尽管此前不少内地社工反映社会工作难以掌握，但在配套实施正向心理学实践之后，社工普遍感觉到相对比较容易将自身价值观和相关技巧应用于社会工作实务过程了。

迄今为止，正向心理学之“全人乐·乐传人”项目实施已历时近一年，接受此项目培训的深圳社工已超过80人。项目不但具有一定规模，而且也对社工的生活态度产生了较明显的影响。此项目以实践为主导，参与项目的社工通过实践不但增进了正向心理学知识，而且累积了独特而宝贵的专业化社会工作经验。通过分享会上的互助砥砺，社工们在提高专业工作技能的同时，进一步增强了投身专业社会工作的情怀、信心和决心。但受时间及其他因素限制，我们在将正向心理学理论应用于社会工作实践领域方面，目前尚处于初级阶段，社工的手法亦局限于社区活动。我们盼望社工继续钻研正向心理学，以多元化的社工手法将其应用于各种类型的社会服务工作，深化正向心理学在社会工作实践领域的应用，以帮助服务对象建构积极主动的生活态度，追寻快乐的人生。

1.5 项目日程表

表1.1　项目日程表

年	2011																							
月	2～6				7				8				9				10				11			
培训社工助理督导	■	■																						
助理督导撰写初步计划书		■	■																					
活动计划书呈交社研/社协				■																				
督导初阶训练培训				■																				
督导向所属社工讲解初级课程内容				■	■																			
邀请心理学家培训社工两天						■	■																	
社工在社区及岗位实践								■	■	■	■	■	■	■	■	■	■	■						
社工集体总汇及分享成果																			■	■				
编辑实务手册																				■	■	■	■	

实践编

2.1 领域：亲子及家庭

负责社工：刘慧妍

香港督导：郭慧芳

2.1.1 活动计划内容

1. 活动名称

天伦情话——亲子同乐。

2. 活动举行日期

2011年10月13日。

3. 活动目的

促进父母与子女之间的互动，以共同相处，共同协作，同时通过亲子运动，帮助孩子身体、智力健康成长。

4. 活动目标及流程

●目标

为社区的孩子及其父母提供共同玩乐的机会，增强亲子间的互动与协作，使之从中体验到快乐，向家长传达健康育儿理念。

●流程

本活动设置环节均与彩色小球相关，主要是希望通过色彩鲜艳的彩球带来的视觉刺激，吸引小朋友的注意；同时，通过设置一些活动规则及要求，使家长与小孩之间保持互动与协作，在此过程中体验亲子乐趣。活动一共分为四个环节，动静结合。游戏环节主要目标是通过动态的活动锻炼宝宝的肌肉，同时使家长明白这些活动对宝宝的作用；静态的活动主要是提高宝宝对颜色的分辨力以及与家长之间的沟通、互动能力，考验家长对孩子的理解与沟通。

5. 活动运用快乐招式

天伦情话。

6. 活动内容、活动细节、注意事项

表2.1　活动安排及注意事项

时间	内容	细　节	注意事项
第一环节	“欢乐推推推”（热身小游戏）	家长与孩子面对面坐在赛道，工作人员给各组家庭一只彩球。由家长将彩球沿地面推向宝宝，宝宝学习家长，将彩球推回给家长。如此反复，时间为5分钟左右	家长与孩子之间的距离根据宝宝能将球推出去的距离而调整
第二环节	“分门别类”	给每个家庭组16只彩球，要求家长协助、鼓励孩子将彩球按照不同的颜色分组，将相同颜色的球放在一起	家长只能动口指导，不能撇开孩子自己动手分类，但允许家长握着孩子的手教孩子分类
第三环节	“小小搬运工”	主持人吹响口哨，活动开始，家长指挥各自的宝宝在铺设的赛道上向中心爬行，抓取一个彩球，回到起点，交给工作人员。如此反复。活动持续8分钟	家长可以跟随宝宝，沿路引导
第四环节	“笑脸迎回家”	主持人做简短总结，派发社工宣传资料及笑脸气球给活动参与者以及报名参加下期活动的居民	笑脸气球只发给活动参与者和小组报名者

7. 活动所需物资及数量

表2.2 活动所需物资及数量

物资	数量
彩球	100只
计时器	1个
口哨一个	1个
泡沫板（铺设活动场地所需）	若干

8. 活动的困难及解决方法

■秩序难以维持：工作人员合理分工，紧密配合，加强与参与的家长沟通，讲明活动规则。

■人手不足：吸纳义工参与，增加人手。

2.1.2 活动推行情况

活动针对3岁以内的孩子及其家长，传达“天伦情话”的快乐招式。活动的设计不在于比赛，而是为了增添活动的趣味性。通过相互协作的游戏环节，家长与孩子的良好互动，气氛热闹，家长们都能领会到生活中与孩子共同协作的快乐。

2.1.3 活动总结

1. 目标达成度

亲子同乐的目标基本达到，亲子互动协作也得到体现，传达的健康育儿理念则因人而异。

2. 参与情况

从铺设活动场地开始就吸引了许多居民的好奇和围观，并有部分热心居民主动协助工作人员。活动开始后家长与孩子均十分投入，热烈的场面引起了一名摄影师的注意，在工作人员的应允下，为本次活动拍摄了许多精美的照片。活动结束后不少围观居民表示希望有更多机会参与此类活动，也有部分居民表示愿意在自己闲暇时间充当活动志愿者。总体来看，参与度是挺高的。

3. 实践/可持续度

●实践度

针对“天伦情话”亲子同乐这个主题而言，通过不同的游戏、身体锻炼，家长及孩子都能参与其中并实践天伦情话。虽然都面对阻力，如某些居民不认同、不熟悉此类亲子游戏，但还是有很多值得去探索和尝试的空间，需要在过程中不断增强活动的吸引力，丰富活动内容和内涵，相信经过一段时间的探索后，能够逐渐推广。

● 可持续度

在该社区，亲子活动已经不止一次举办，区内居民对此类活动已有一定的认识，也欢迎再次举办类似活动，若再举办的话，效果会更持续。

2.1.4 督导点评

此次活动以幼儿为对象，但沟通多以父母为主导，难以达到天伦情话的效果。与社工反思此次活动，觉得要运用天伦情话这一招式，对于资历尚浅的社工来讲，最有效的对象群体可能为年纪较大的儿童与其父母，这样既可鼓励亲子沟通，也可增加父母对儿童成长的关注。

此种活动在社区推行非常可行，而且能吸引居民的注意，不仅有助于宣传社工工作，而且能为社区带来欢乐气氛。

2.2 领域：亲子及家庭

负责社工：蔡宝珍

香港督导：郭慧芳

2.2.1 活动计划内容

1. 活动名称

天伦同乐之玩转魔术气球。

2. 活动举行日期

2011年10月9日。

3. 活动目的

加强家长与孩子之间的沟通和互动，宣扬家庭快乐信息。

4. 活动目标及流程

●目标

■通过教居民制作魔术气球，达到家长与小孩互动、合作的目的；

■让家长送小孩气球，而小孩则要对家长说出感谢的话，达到增进亲子关系和谐度的效果。

●流程

■摆好桌椅，准备道具，布置活动现场；

■活动正式开始，参加者按照前后顺序，分批进行；

■工作员教导参加者制作魔术气球，然后送给自己的孩子，让孩子说感谢的话；

■视现场情况可适当调整。

5. 运用的快乐招式

天伦情话。

6. 活动安排及注意事项

表2.3　活动安排及注意事项

时间	内 容	活动细节	注意事项
16:00～17:30	魔术气球手工制作	按照前后顺序，分批进行。每轮限10名家长参与，手工做完后家长将制作成果送给自己的小孩，并让孩子说出感谢家人的话语	在人气不高的情况下，社工主动邀请居民参与、维持秩序、指示参加者排队等候
17:30～18:00	结束工作	活动结束时，社工邀请在场所有参与者展示自己的成果，安排集体拍照留念。采访几个参与人员，让他们说出自己参与本次活动的感受供大家分享。最后给参与人员派发关于“天伦情话”的宣传单	指定1名社工为气球充气；指定1名社工统一将气球发放到参与者手中，并指定位置让参与者入座；由1名社工教参与者进行手工制作，另1名社工维持现场秩序

7. 活动所需物资及数量

表2.4 活动所需的物资及数量

物 资	数 量
魔术气球	100只
打气筒	2个
话筒	1个
泡沫板	15块

8. 活动的困难及解决方法

■ 秩序难以维持：工作人员合理分工，紧密配合，加强与参与家长的沟通，讲明活动规则。

■ 人手不足：吸纳义工参与，扩充人手。

2.2.2 活动推行情况

活动针对3岁以内的孩子及其家长，传达“天伦情话”的快乐招式。活动的设计不在于比赛，而是为了增添活动的趣味性。通过相互协作的游戏环节，家长与孩子互动良好，气氛热闹，家长们都能领会到与孩子共同协作的快乐。

2.2.3 活动总结

1. 目标达成度

亲子同乐的目标基本达到，亲子互动协作也得到体现，传达健康育儿理念的效果则因人而异。

2. 参与情况

居民参与度高，也很热情，气氛很好。

3. 实践度/可持续度

●实践度

针对“天伦情话”亲子同乐这个主题而言，通过不同形式的游戏、身体锻炼，家长及孩子都能参与其中，实践天伦情话。虽然都面对阻力，如某些居民不认同、不熟悉此类亲子游戏，但活动本身还是有很多值得去探索和尝试的空间，这就需要在过程中不断增强活动的吸引力，丰富活动的内容和内涵，相信经过一段时间的探索后，能够逐渐推广。

●可持续度

在该社区的亲子活动已经不止一次举办，区内居民对此类活动已有一定的认识，也欢迎再次举办类似活动，若再举办的话效果会更持续。

2.2.4 督导点评

此次活动以幼儿为对象，但沟通多以父母为主导，难以达到天伦情话的效果。与社工反思此次活动，觉得要运用天伦情话这招式，对于资历尚浅的社工来讲，最有效的群体可能为年龄较大的儿童与其父母，这样才能既可鼓励亲子沟通，也可增加父母对儿童成长的关注。

此种活动在社区推行非常可行，而且能吸引居民的注意。这类活动，不单有助于宣传社工工作，也能为社区带来欢乐气氛。

此次活动以闪亮的气球作为卖点，宣传快乐的重点不是放在“讲”上，而是通过“体验”制作气球过程使参与者感受快乐；同时还能把气球带回家，为家庭增添快乐。由此，天伦情话的效果不仅仅在现场发挥，还能延伸到家庭里去，从而提高活动的可持续性。

2.3 领域：青少年及儿童

负责社工：欧呈洲、王刚、李莹莹、罗丹、于青山、
安宁、吴凯、李立志

香港督导：陈艳芳

2.3.1 活动计划内容

1. 活动名称

精彩大运·快乐假期。

2. 活动举行日期

2011年7月11日至8月30日。

3. 活动目的

通过暑期系列活动活跃社区文化，努力营造健康快乐的社区生活氛围。

4. 活动目标及流程

■活动筹备阶段由社工带头到各社区发招募通知或组织宣传活动进行现场招募。

■按照既定计划开展工作，培养儿童及青少年正确的价值观和良好习惯，促进他们身心健康发展。

■在活动开展中期进行活动成果展及评估。

■适当调整活动内容以期更好地服务社区儿童及青少年，达到快乐学习、快乐生活的目的。

5. 活动运用的快乐招式

感谢与赞美、健康乐悠悠、敬业乐业、嘉言善意、为善最乐、常怀宽厚、天伦情话。

6. 活动内容、活动细节、注意事项

●活动安排

表2.5 活动安排

项　目	内容及细节	快乐七式	负责人员
学业辅导 7～8月	针对2～8年级学生的英语、数学、语文等科目进行定期辅导	敬业乐业	社工8名、义工30名
英语沙龙 7月逢周六	筛选有英语兴趣的学生教授英语口语，体验全英文环境，模拟异国风情与生活	敬业乐业	社工1名、义工3名
粤语培训班 7月逢周一、周五	针对外来青工家庭学生的需求，向他们提供粤语常用语与感谢家人用语辅导，教授粤语赞美歌曲等服务	感谢与赞美 敬业乐业	社工1名、义工3名

续表2.5

项　目	内容及细节	快乐七式	负责人员
日语入门学习 7月逢周一、周三	向对日语有兴趣的学生提供简单的以“五十音图”为基础的日语日常会话教学	敬业乐业	社工2名、义工3名
少儿舞蹈培训 7月逢周五	招募有兴趣的少年儿童，社工邀请义工（专业舞蹈老师）给予入门培训；有表演机会，服务他人	为善最乐 敬业乐业	社工1名、义工2名
“孔子学院” 7月逢周日	针对沿山社区外国人家庭青少年需求，邀请专业双语老师教授简单中文及引导中外学生对话交流	敬业乐业 常怀宽厚	社工1名、义工3名
手工制作课（一） 7月逢周二	康乃馨、丝网花制作，培养青少年的动手能力；自己制作一朵花送家人，表达谢意	感谢与赞美 天伦情话	社工2名、义工3名
手工制作课（二） 7～8月逢周四	沙画制作及动手、耐性锻炼，3D纸模制作及合作能力锻炼，送予他人	嘉言善意 为善最乐	社工1名、义工6名
棋艺培训班 8月逢周六	邀请棋艺义工教授各种棋艺规则和走法，主要有中国象棋、围棋；举办棋类比赛	敬业乐业	社工1名、义工6名
护蛋行动 7月逢周二、周四	让青少年了解用心照顾、保护一个鸡蛋是件不容易的事情	常怀宽厚	社工1名、义工3名
“小农夫” 7～8月逢周二	教孩子亲手栽培，收获果实，并在栽培过程中练习与他人沟通、分享心得和动手能力	为善最乐 健康乐悠悠	社工1名、义工3名

续表2.5

项　目	内容及细节	快乐七式	负责人员
历奇训练营 8月6日	翻叶子、过河、信任背摔等多种训练团队能力的历奇游戏，人数50人以上	健康乐悠悠 嘉言善意	社工3名、义工18名
玩转招商-寻宝活动 7月23日	以3组家庭为单位在限定时间里，按给出的任务在招商街道辖区内找到指定物品，注重亲子交流	健康乐悠悠 天伦情话	社工6名、义工20名
暑期活动成果展 7月31日	各社区青少年自编自演节目参加比赛；趣味游戏的参与分享；活动中期成果展示	健康乐悠悠 天伦情话	社工6名、义工15名
环保游戏乐悠悠 7~8月逢周六	由IBM公司提供各类科技环保小游戏，组织学生通过趣味游戏培养环保意识和技能	常怀宽厚 为善最乐	社工1名、义工3名
国学教育 7~8月逢周三	由义工（退休语文老师）主讲国学，陶冶国学素养，注意讲课的趣味性	敬业乐业 常怀宽厚	社工1名、义工1名
书画课堂 7~8月逢周四	社工邀请专业书画老师向学生教授书法、绘画等技法，以陶冶学生情操	常怀宽厚 感谢与赞美	社工1名、义工2名
人际交往技巧 8月逢周二、周四	人际交往小组，交友会	嘉言善意 感谢与赞美	社工2名、义工4名
青少年文艺晚会 8月30日	组织社区青少年及家长共同排练文艺节目，自编自演，通过社区剧场的形式，在社区开展文艺晚会	天伦情话 健康乐悠悠	社工3名、义工15名

●注意事项

■ 活动具体时间以各社工计划安排为准;

■ 活动义工需求量原则上提前一周告知义工联络员，并提前给予培训与指引;

■ 如活动不能照常进行，当值社工应提前通知报名人员。

7. 活动所需物资及数量

横幅10条，海报18张，宣传册150套，胶水10瓶，水彩笔25盒，气球10包，沙画60张，3D纸模100套，康乃馨制作材料20套，象棋、围棋各10副，美工刀20把，精美笔记本100本，多色彩纸10包，证书50个，饮用水20箱，等等。

8. 活动困难及解决方法

■ 活动当天天气恶劣：可与服务对象提前讨论更改、延迟或取消。

■ 活动物资未到位：可提前与物资负责人联系调配，或与服务对象商量更改活动内容。

■ 活动参与人数不够：提前张贴海报或电话告知，如果仍然无法达到最低人数，社工可根据活动成本与活动效果，在与已参与的服务对象协商的基础上考虑是否举行活动。

■ 持续性的小组（活动）目标未达到或与主题相左：由社工与小组（活动）成员协商矫正或更改。

■ 当天遇到其他困难的：可与服务项目当值社工联络协商具体解决办法。

2.3.2 活动推行情况

本届公益活动内容主要有课业辅导、青少年兴趣项目、专业社工服务等，社工从青少年需求出发，以“快乐七式”为活动理念，以深圳“大运会”为契机，给各社区的青少年朋友及家长带来了丰富多彩的暑假活动。

2.3.3 活动总结

1. 目标达成度

持续时间长，贯穿整个暑假；惠及人群范围广，11个社区报名参加学员共计212人，服务量达2990人次；活动内容丰富多彩，满足了青少年的多元需求，不但涉及学业辅导、兴趣培养，还包含了能力训练、社区互动等服务内容。

2. 参与情况

■ 青少年及家长积极报名参与，快乐投入，不但丰富了活动内容，更使得自身学习到了新知识、锻炼了能力、改善了亲子关系。

■志愿者队伍不断壮大。从原有的零星志愿服务，发展到了志愿团体上千小时的志愿服务。

■参与主体多元化。整合招商街道办等基层政府组织的物资和场地支持，整合辖区企业的高素质志愿者支持和部分物资捐助；整合蛇口电视台、蛇口消息报等媒体对活动进行专访和报道。

3. 实践度/可持续度

社工团队在评估时以青少年需求为中心，在顾及多元参与方利益与责任的基础上，制订了以“快乐七式”为活动理念、详细而具体的暑期服务计划。由于各方的积极参与使得本次公益行动不但服务时间长、服务内容丰富多彩，而且服务效果明显、服务对象反应良好，受到了社会的广泛关注与认同，从而为一年一度的暑期社工公益行动奠定了良好的社会基础。

2.3.4 督导点评

在50天暑期活动（见图2.1）中，社工不仅开展多元智能活动，而且还在不同时段推出正向心理“快乐七式”，为儿童及青少年服务。这些活动对于假期赴深圳探望父母的留守儿童而言，则特别精彩而有意义。社工集结义工、网络、基金等多方面的资源，惠及200多名青少年，为其提供了一个多姿多彩的环境，不仅促进了青少年正确价值观和良好习惯的培养，而且还可能通过留守儿童将身心健康快乐理念传播至其家乡、家庭。以此为基础，社工就可按需要提供个案服务及小组跟进。孩子们欢乐的神情与愉快的道谢，家长欣慰的面容，无疑都是对社工付出的莫大回报。与此同时，两年间建立起来的良好社区工作基础，由此也得到了生动而具体的体现。

图2.1 暑期活动

2.4 领域：青少年及儿童

负责社工：王会娟、陈瑾、杨巧玲、陈彦雪

香港督导：黄翠珊

2.4.1 活动计划内容

1. 活动名称

快乐出发工作坊。

2. 活动举行日期

2011年9月9日、9月16日及10月14日。

3. 活动目的

传播快乐理念，享受善美生活。

4. 活动目标及流程

通过健康操，体验健康乐悠悠带给人的健康之乐；通过学习嘉言善意，提升发现别人优点、常怀宽厚之心的素养；通过为善最乐、馈赠他人的实践，体验助人活动中的成就感和自我满足感。

5. 活动运用的快乐招式

健康乐悠悠，嘉言善意，为善最美，常怀宽厚。

6. 活动内容/活动细节/注意事项/道具

表2.6　活动安排、注意事项及道具

内容、细节及注意事项	道　具	人力安排	时　间（分钟）
传播快乐理念第一节，传播健康快乐的理念，传播大家共同快乐的理念，传播赞美他人时快乐的理念			
●小组契约 ■制定小组纪律（禁止迟到、缺席）； ■坚持健康快乐积极向上的原则； ■建立小组口号	黑板笔、海报纸	王会娟 陈彦雪 陈瑾	10
●“健康操” ■引导组员从健康操中懂得健康快乐的含义； ■体验照顾别人健康的快乐； ■将健康快乐的方式传递到家庭	—		7
●“阳光微笑” ■今天阳光灿烂，灿烂的……人，所有被指的对象要离开所在的位置，坐到别人的凳子上，要求不能坐在旁边的凳子上； ■抢到凳子的人要对未能抢到凳子坐下的人说一句祝福和鼓励的话，后者须表达对周围人的感谢、最灿烂的笑容或者爱心展现等	椅子围成一圈		7
●“赞美之乐”——扑克大战 ■6副扑克打乱，时间10分钟，从中抽出3副全部是红桃的，2副黑红梅方都有的、整套的； ■分两组进行，挑选扑克的有4～5人，其他人是助手； ■任务一旦开始，不能再提问； ■任务结束之后，组员发表各自看法，主要以表扬为主，禁止抱怨； ■体会别人的努力，肯定别人的付出	1～2副扑克、计时器2个；两张桌子		15
●布置任务 将健康操带给家人；填写健康反馈卡；收集废旧物品	准备健康反馈卡		6

续表2.6

内容、细节及注意事项	道　具	人力安排	时　间（分钟）
传递快乐行动第二节，讲述自己的故事，分享快乐难忘的经历，用心制作快乐的祝福，将快乐传递出去			
健身操回顾	—	陈瑾 王会娟	5
● 快乐心情 ■ 每位组员说一个带动物的成语，如“狼吞虎咽”，在说出成语之后，每位组员要加上前面一句话：“我吃西瓜时，狼吞虎咽！”同时加上动物的动作； ■ 热身游戏，快乐开心地开始	—		5
● 分享之乐 ■ 组员讲述暑假期间自己最开心的发生在自己身边的故事，或者自己最难忘的经历，并点明是谁带给你快乐； ■ 在分享中传递快乐	准备1只公仔		15
● 快乐制作行动（提前提醒学生带废旧物品） 组员用废旧物品或者手工制作多种祝福卡片或者手工制作小礼物、画画等	彩笔、 卡纸、 手工纸花、 胶水、 彩带等		20
● 快乐传递行动 派送制作的手工作品给最感激的人，同时要为自己家长做一件力所能及的事，并让馈赠人与家长填写反馈卡	反馈卡		5

续表2.6

内容、细节及注意事项	道　具	人力安排	时　间（分钟）
享受快乐之美第三节，享受馈赠之美，传播传递快乐			
健康操回顾		陈彦雪 杨巧玲	5
● 分享快乐传递的过程 根据抽签顺序，每位组员将快乐传递给大家分享	纸牌抽签，小礼物1份		15
● 推广快乐传递 组员每人5个气球，上面要写上有关快乐开心的话语，派送到周边邻居的手里。让邻居签名分享这个过程	马克笔15支，气球100个，小签名本1个		30
● 活动评估问卷发放 回顾本次活动的过程，发放本次活动的问卷，宣布活动结束	问卷		5

7. 活动的困难及解决方法

●困难

■有个别小朋友比较好动，不是很遵守活动契约。

■活动时间与上次活动时间之间间隔较长，组员容易忘记小组契约的内容，降低了小组契约的约束力。

●解决方法

■区别对待，如别人都坐，可以让好动的组员站着。

■每次活动开始时，都带领全体组员大声诵读契约内容，并将活动中出现的其他情况列入小组契约中。例如，第三次活动时规定不能同时说话，应一个一个表述，仔细倾听他人分享。

2.4.2 活动推行情况

为期3次的“快乐出发工作坊”活动圆满结束，学生积极参与，社工努力引导。21人共同将快乐传播理念、行动传递、快乐分享3个环节有机整合起来，形成了以青少年为起点，带动和感染家长、朋友一起分享快乐的氛围，深化了健康快乐、分享快乐主题。

2.4.3 活动总结

1. 目标达成度

能够让参与的小朋友认知到快乐以及把他们感受到的快乐传递给其他人，学会与别人分享。

理念传递达成成效：82%，行动传递达成成效：100%，快乐传递达成成效：91%。

2. 参与情况

100%的参与者完全进入状态，很有热情地完成了交给他们的任务，而且愿意与别人分享快乐、愿意帮助别人。

3. 实践度/可持续度

健身操一方面传播健康理念，另一方面密切家庭成员关系，容易实现，易于操作；送身边朋友祝福气球可促进学生人际交往，同时使其学会从分享中得到快乐。活动易操作，实践度高，可持续性强。

2.4.4 督导点评

活动以蛇口海湾社区“四点半课堂”为平台招募参加者，参加者以8～12岁学生为主体。故此，在活动内容设计上没有太多的硬知识，主要是重视同学的直接参与和体验。更重要的是工作坊希望透过参加者，带动家庭及社区建构快乐家庭及和谐社区。

事实上，这些概念，社工过去在社区及儿童当中都推动过。但经过正向心理学培训，社工在执行活动时显得更具根基，内容设计也更加扎实，还能从点、线、面的角度去构思活动流程，让活动更有连贯性。社工们的进步让我颇感欣喜。

最后，活动能在不同环节渗进反馈表，让家人、朋友，甚至陌生人都能够参与，从而在加强参加者与家人、朋友互动之余，亦提高了对活动的评估能力，这亦是“快乐出发工作坊”的优点之一。

2.5 领域：青少年及儿童

负责社工：苏琳弘

香港督导：伍绮华

2.5.1 活动计划内容

1. 活动名称

“快乐人生”之“快乐从这里出发”。

2. 活动举行日期

2011年10月15日。

3. 活动目的

运用“快乐七式”，帮助居民建立愉快、美好及意义人生。

4. 活动目标及流程

■倡导快乐生活，帮助居民树立快乐人生目标。

■通过社区宣传活动形式，向社区居民传递正向心理学的“快乐七式”。

■运用7个活动，“感恩墙”、“我有爱”、“健康生活我知晓”、“我学习我快乐”、“我要向前冲”、“给你我一个拥抱”、“宽恕别人你可以做到”及“快乐家庭涂鸦”，把培养快乐人生的方法向居民传递，从而在促进居民、家庭成员相互协作的过程中，增强彼此的互动及交流，最后由小组分享，表达对快乐的看法。

5. 活动运用的快乐招式

感谢与赞美、健康乐悠悠、敬业乐业、嘉言善意、为善最乐、常怀宽厚、天伦情话七式。

6. 活动内容/细节/注意事项/所需物资及数量

表2.7 活动安排、注意事项、所需物资及数量

目　的	内容、细节与注意事项	所需物资及数量	时　间（分钟）
场地布置	活动横幅、桌椅摆放到位	横幅、桌子4张	20
现场活动宣传，吸纳社区居民参与	● 发放“快乐七式”小卡片，以气球和小卡片传递快乐 ● 简单介绍本次活动的主题、目的及活动的流程与各环节的安排	快乐卡片100张、气球50个	20
学习感谢与赞美他人，感恩身边的每一个人	“感恩墙·我有爱” 给每一位参与活动人员发放小卡片，写上最想对某人说的话，贴在感恩墙上，以此方式表达自己内心的感激及赞美（背景音乐《感恩的心》）	音响、卡片50张	10

续表2.7

目　的	内容、细节与注意事项	所需物资及数量	时　间（分钟）
促使社区居民对健康的关注，重视自身健康发展	“健康生活我知晓”： ● 本活动环节分两组进行，工作人员准备好60×80mm的固定木板栏，将准备好的各项健康生活与不健康生活的小卡片分别发给两组，参与者在工作员准备的木板上选择性地贴上健康生活的方式或行为，在3分钟内完成 ● 简单分享	白纸2张、大头笔5只、小卡片50张	20
促使居民在工作或是学习中，敬业乐业，并能从中收获快乐	“我学习、我快乐”： ● 每一个人在工作或是在学习中，都能够得到一定的满足，参与人员分享学习或是工作中最高兴或是最有成就感的事情，并给予一定的回应（争取半数以上的参与者表达） ● 活跃气氛，快乐操	礼品20份	30

续表2.7

目　的	内容、细节与注意事项	所需物资及数量	时　间（分钟）
使用正面的语言改变心态和思维方式，帮助居民舒缓压力	“我要向前冲”：读一些自我肯定的话，如“我感觉很好”、“我很能干”、“我一定可以”等话语，或者可以将一些人生座右铭及任何能激发个人心灵力量的语句与参与者分享	激励名言50条	20
为善最乐，对人保持善意及信任态度	“给你我一个拥抱” ● 参与者分两列，面对面站立，在工作人员的指示下，与对方握手、拥抱 ● 活动完成后分享感受 ● 不要过分介怀对方的反应，如对方有否表达欣赏和谢意	—	20
常怀宽厚，以感恩之心对待周围的每个人	“宽恕别人你可以做到的是？” ● 给参与者发放卡片，思考哪些是自己不可以宽恕别人或是不宽恕别人的事项 ● 个案分享	礼品10份（在活动中勇于表达或是能主动分享之成员）	10

续表2.7

目　　的	内容、细节与注意事项	所需物资及数量	时　间（分钟）
天伦情话为家庭构思长远目标，增加家庭成员的团结感和归属感，增强家庭合作关系	“快乐家庭涂鸦” 发放健康家庭生活趣味图，让参与者描绘出自己的家庭图，并做出分享，进而带动参与者对家庭的关注、对快乐家庭的看法及家庭目标的树立	卡片50张	20
活动总结	回顾整个活动并分小组做分享：对活动的评价，对快乐的看法，并填写活动调查问卷	—	20
合影留念	参与人员合影	照相机	

7. 活动的困难及解决方法

表2.8　活动的困难及解决方法

预计困难	解决方法
● 活动当天天气变化情况未知，影响活动的开展 ● 活动现场人员以青少年为主、活动现场的秩序比较难以掌控 ● 活动开展过程中，社区居民的参与度降低	● 关注天气预报信息，第一时间了解活动当天的天气状况；如逢下雨，另选择日期并及时通知社区居民 ● 利用社区的人力资源，设置专门人员进行秩序的维持，分工到个人，权责分明 ● 活动中充分发挥社区志愿者的力量，在社区内提前做好各项活动宣传工作及活动现场的气氛布置工作

2.5.2 活动推行情况

活动分为7个小环节，运用游戏的方式生动形象地将快乐的理念传递给社区居民。通过活动的形式，传播快乐教练的方法，给予人们更多能够得到快乐的方式，帮助社区居民更健康、更舒心、更快乐地生活。

2.5.3 活动总结

1. 目标达成度

根据正向心理学的“快乐七式”，将“快乐七式”方法，即感谢与赞美、健康乐悠悠、嘉言善意、为善最乐、常怀宽厚、天伦情话，运用到每一个活动中，让居民对正向心理学的知识有一些认识，增强居民对快乐的重视，并使其在处理各项问题时能从多方面思考，改善解决问题的方法，特别在“宽恕他人”的过程中，使得自身收获更多快乐。初步研判表明，活动能基本达成宣传快乐信息的效果。

2. 参与情况

参与者以社区青少年为主，活动环节的设置贴近居民的日常生活，通过“感恩墙•我有爱”、“健康生活我知晓”、“我学习、我快乐”、“我要向前冲”、“给你我一个拥抱”、“宽恕别人你可以做到的是？”、“快乐家庭涂鸦”7个环节，以游戏的方式把快乐人生理念传递给社区居民；活动内容较为丰富，虽然参与者人数不多，对内容也并不是完全理解，但活动参与度极高。

3. 实践度/可持续度

社工在开展社区宣传活动时，希望将更多正向心理和快乐人生理念传递给社区居民，但居民并不能通过一个游戏而广泛认识正向心理学，所以在内容方面可以具体且生活化一点。通过居民反馈的意见，他们普遍对其中某一个环节会特别有记忆，对其他环节则不够了解。但总体上，居民对快乐理念具有正面反应。所以往后可按“七式”技巧的重点，在宣传工作上突出一个主题吸引居民关注，或以一个主题开展小组或社区活动，使居民容易明白及理解其中的内容。

如要持续发展，社工对正向心理学也必须进行持续性思考，而不是单单传递表面的意思，所以社工必须加强个人对正向心理学的学习，加深对专业知识的了解和理解，以便更好地把正向心理学知识，运用于积极、正面地引导社区人群。

2.5.4 督导点评

欣赏社工能在实际的经验中学习、检讨、反思、再尝试。事实上，社工接触、认识及运用快乐人生理念仅仅短短三四个月时间，要想真正明白、理解并融会贯通地使用，确实要花上几十倍的时间去循环地学习、实践、运用、反思。因此，能踏出第一步，在自己工作的社区，以宣传活动的形式广泛地宣传，已是很宝贵的经验。相信往后只要愿意付出时间，敢于挑战，尝试以不同手法把“快乐七式”运用于不同的服务人群，必能找到重点加以发挥，亦能领略到如何实践“快乐人生”的秘诀，还能用正面的生活态度感染身边的人。

2.6 领域：青少年及儿童

负责社工：刘丽
香港督导：郭慧芳

2.6.1 活动计划内容

1. 活动名称

快乐小当家——小小楼栋长成长小组活动。

2. 活动举行日期

2011年9月3日至10月22日。

3. 活动目的

提高社区的小小楼栋长的正面态度及人际交往能力，从而使其贡献社区，为社区带来欢乐。

4. 活动目标及流程

●目标

让组员感受“感谢与赞美”的快乐以及学习的技巧；
促进组员之间的合作，理解团队合作的重要性；
开展社区公益活动，体验帮助社区和他人的快乐。

●流程

第一节，相见欢——组员相互认识，建立关系；
第二节，认识社区——增进对社区的了解和认识；
第三节，感谢与赞美——学习与运用感谢与赞美技巧；

第四节，信任与合作——培养组员间的信任与合作能力，增强小组凝聚力；

第五节，为善最乐——通过组员向社区传递快乐的祝福，宣传感谢与赞美、为善最乐。

5. 活动运用快乐的招式

感谢与赞美，为善最乐。

6. 内容/细节/所需物资及数量

表2.9　活动安排与所需物资及数量

内容	目　的	形式及内容	时 间（分）	物资及数量
相见欢	组员相互认识，建立关系，订立契约	● 破冰游戏 ● 小组介绍 ● 互动游戏 ● 契约树 ● 总结	55	名片纸、A4纸、A3纸、彩笔、签字笔
认识社区	密切组员关系，加深对社区的认识和了解	● 热身游戏 ● 我们的社区PPT演示 ● 分享 ● 总结	50	游戏道具、A4纸、彩笔、社区介绍PPT
感谢与赞美	帮助组员学习感谢与赞美技巧	● 视频《我和世界不一样》 ● 感谢赞美小游戏 ● 回顾与分享 ● 引入感谢与赞美技巧 ● 《小孩不笨》视频（赞美vs批评） ● 学习感谢与赞美技巧 ● 写感谢卡片给最想感谢的人	60	游戏道具、视频

续表2.9

内容	目　的	形式及内容	时间（分）	物资及数量
信任与合作	增强组员之间及与他人的信任感，增强凝聚力，学习如何与人合作	● 信任背摔 ● 分享 ● 信任与合作训练 ● 团队游戏 ● 分享 ● 征集社区服务意见	70	游戏道具
为善最乐	锻炼组员主动参与为社区服务的能力	● 动员组员参与社区活动 ● 为居民派发快乐气球送祝福 ● 派发“快乐七式”宣传卡片 ● 邀请居民加入“快乐七式”签名活动	90	气球、“快乐七式”卡片、“快乐七式”横幅

7. 活动的困难及解决方法

■社区小小楼栋长及其家长对活动意义理解不深、参与度不高，配合“大运会”时的社区运动会和讲座活动进行事先宣传。

■小小楼栋长参与活动时难聚齐，尽量在周末时间进行。

■青少年年龄段的男女生融合度不高，尽量少安排身体接触活动。

■将“感谢与赞美”的概念放在中国本土文化里时发现，一是组员对学习“感谢与赞美”兴趣不大，原因为平时用不到，没人告诉其中的意义，缺少感谢与赞美的快乐体验；二是组员对学习“感谢与赞美”羞于表达，原因为中国文化宣扬为人要含蓄，对亲近的人表达显得生分，习惯于将真情掩藏于心，男生怕被人嘲笑为爱煽情，很“娘”；三是组员对学习“感谢与赞美”不知道如何去做，原因为缺少幼儿园时期的正面教育，如见面问声好、得到帮助说“谢谢”等，身边缺少正面示范。

解决方法可以是：让组员感受到感谢与赞美经常发生在自己和周围的生活当中，让组员体验到当他正在经历感谢与赞美时的快乐，让组员了解到感谢与赞美可以有多种表达方式。做到以上三点，组员会逐渐意识到感谢与赞美对自己对他人都有快乐的意义。

2.6.2 活动推行情况

小组活动共有7名成员参与，历时5周。组员从一开始的羞怯紧张到慢慢熟悉小组活动并从中学习人际交往技巧，最终能积极投入参与社区户外活动，为社区居民派送快乐气球和快乐祝福，协助社工宣传“快乐七式”，为社区带来欢乐，也为本次活动画上了圆满的句号。

2.6.3 活动总结

1. 目标达成度

目标基本达到。透过训练，组员基本上理解了有关赞美技巧。在小组锻炼环节及社区活动锻炼中，都能展示出来，虽然组员的表现依然不免害羞，但都能礼貌地给予接受气球祝福的居民积极的回馈。在团队合作方面，组员大多事前已认识，过程中没有陌生问题。在社区活动里，组员们都能以大局为重，尽量配合，但也有一些较调皮的组员在过程中玩耍，需要工作员提醒及引导。完成社区活动后，有部分组员获得了一定的满足感，那些满足感来自居民的回馈以及自己对陌生人主动送气球的勇气。

2. 参与情况

组员的出席率能保持到小组结束，只有个别缺席情况；小组活动过程中，组员配合工作员的安排，有些活动受到组员的特别喜欢，如结合乒乓球和感谢与赞美元素的游戏、以校园生活为背景的视频播放、挑战性较高的抗逆游戏等。在感谢技巧情景模拟环节里，组员表现最为积极，愿意尝试和扮演，其他人也尝试参与，现场气氛非常活跃。然而，基于组员的年龄阶段，男女生之间的融合有困难，加上参与的男生较调皮，有2个女生在过程中退出小组。整个小组里有7位小小楼栋长参与，社区活动快乐的传送涉及100位社区居民。

3. 实践度/可持续度

●实践度

此次小组运用“感谢与赞美”及“为善最乐”两个招式，当中的实践度挺高，组员能在小组活动里锻炼“感谢与赞美”的技巧，而且更能在社区活动里展示出来。“为善最乐”的概念也在社区活动里让组员淋漓地展示出来。因此，此次小组对运用快乐招式的实践度很高。

●可持续度

通过5周的小组活动，组员潜移默化地感受到两个招式的概念，并在社区活动里展示出来。社区活动里派发的气球及“快乐七式”卡能把有关信息带进居民家里，凭卡上的内容居民可以自己领会“快乐七式”。

2.6.4 督导点评

此次小组活动比其他儿童成长小组有更困难之处，其中最大的挑战，莫过于如何鼓励组员坚持完成整个小组活动。此次小组活动原先计划在暑期举行，但因“大运会”的原因，小组活动被推迟到9月，每周六举行。面对课余活动、补习、家庭聚会等安排一般在周末举行，社工花了很多心思提高组员对小组活动的兴趣，以免组员流失。在活动设计方面，刘丽把一些惯常带领游戏改编过来，如结合组员喜欢的乒乓球和赞美语的游戏，既迎合了组员的兴趣，也符合“感谢与赞美”目标。这一变通，富有创意，让纵贯5周、中间被“国庆节”隔开的小组活动一直延续。除两位女生在前期退出外，其他男生都能坚持到最后。

如何把源于西方的“感谢与赞美”概念传达给在中国文化环境下成长的组员，也是一个挑战。正如刘丽所认识到的，在缺乏这种教育、模范的文化背景下，社工能做的，就是让组员多尝试，多体验，多获得被赞美的快乐。在小组活动里这些都被展示出来。当然，这一功效还需要不断持续强化。

此外，社工的正向心态也是影响活动效果的重要因素。面对比较调皮的男生组员，刘丽曾遇到挫折，想过放弃，但最后还是坚持到底。原因是社工要保持积极的心态，遇到组员不出席、不准时或不配合。消极的想法可能认为组员不喜欢小组活动，因此导致社工自责；但积极的想法可能是组员有其他紧要事，于是社工尽量想办法，去跟进组员情况，调整活动内容，迎合组员需求。由此可见，放弃与坚持，只在一念之间。在小组活动里遇到过很多的困难，刘丽就是一直坚持，到最后终于获得组员对小组的归属感，见到他们奉献社区之心。虽然困难重重，但在刘丽的坚持下，小组结束了，也获得了良好的效果。在带领正向心理学小组的同时，社工也强化自己的积极心态。

2.7 领域：青少年及儿童

负责社工：陈雪娟
香港督导：伍绮华

2.7.1 活动计划内容

1. 活动名称

快乐你懂的·幸福随心转。

2. 活动举行日期

2011年10月至11月。

3. 活动目的

传递“快乐七式”，学会维持正面而快乐的情绪，倡导快乐人生、幸福人生理念，发现生活中微小的幸福、快乐的点滴，从而获得幸福感。

4. 活动目标及流程

●目标

■让居民在参与分享中发现生活中的小幸福；

■倡导“快乐七式”理念，学会以积极的心态面对生活；

■让社区小义工巩固活动经验，学会“为善最乐”的快乐招式。

●流程

■活动初期社工利用一班社区小义工，组织他们在区内进行“快乐小记者”外展采访行动，向居民收集快乐/幸福小点滴；

■按照计划推行“快乐你懂的·幸福随心转”倡导行动（包括展板/宣传单张宣传、快乐微博汇、定格快乐）、小记者活动分享会等，让他们互相分享活动的感受，以体验传递“为善最乐”快乐招式的重要性；

■将活动集锦成小册及定格快乐图片集锦，赠予参与活动的人士，巩固“助人为快乐之本”的经验，学习“为善最乐”的快乐招式，并鼓励继续传递快乐、为善、幸福的生活。

5. 活动运用快乐的招式

侧重于“快乐七式”之为善最乐。

6. 活动内容/细节/注意事项

表2.10 活动内容、细节与注意事项

内容	细节	注意事项
“快乐小记者”外展采访行动——收集快乐/幸福小点滴	■ 组织社区小义工做快乐小记者，每人采访10名居民，分享快乐/幸福小点滴，可采访家人、朋友、学校老师或同学，为了让参与分享者理解活动主题，社工提前准备活动邀请函件，让参加者了解后再分享，以切合主题； ■ 社工也可收集同事、社区工作站工作人员、社区小义工们的快乐/幸福小点滴，可设定快乐招式让他们有针对性地分享	参与分享者应提供自己的称呼（姓名、昵称均可），并告知他们的分享将在社区活动中展示，避免误会
“快乐你懂的，幸福随心转”倡导行动	● 展板、宣传单张宣传 ■ 将快乐人生理念和“快乐七式”核心内容汇编成展板，通过展板展示，让居民了解并学习； ■ 将展板内容制成宣传单张，发放给现场居民，扩大倡导力度，让居民将快乐人生理念带回家中	—
	● 快乐微博汇 将收集到的快乐/幸福点滴按群体分类展示，并现场邀请居民分享自身的快乐，将分享快乐的微博行动持续下去	—
	● 定格快乐 在活动现场邀请30位居民拍摄最快乐的表情，并随机抽取5位幸运者，待活动结束后将汇集的照片赠予幸运者，让他们留住快乐时刻，通过照片回忆活动	需现场留下幸运者的联系电话或地址，方便日后赠予照片，也可通过邮箱将其照片发送给本人

续表2.10

内　容	细　节	注意事项
快乐小记者活动分享会	● 分享会活动议程 ■ 将社区小义工参与社区活动的照片冲洗出来传阅，然后分享志愿服务点滴，并写下参与志愿服务的感受； ■ 自由分享本次活动感受，社工总结并传递“为善最乐”快乐招式； ■ 将活动照片分发给小志愿者，作为纪念	—
后续工作	将活动集成小册，赠送给热心参与活动的人，同时收集反馈意见；制作定格快乐图片集锦，赠予幸运者	—

7. 活动所需物资及数量

表2.11　活动所需物资及数量

物品名称	单位	所需数量	备　注
活动横幅	条	1	
A字形展架	个	10	由机构提供，需提前协调好
彩色海报纸	张	20	
麦克笔	盒	1	
彩色A4纸	打	1	
笔记本	本	10	快乐小记者收集信息所用
签字笔	支	10	快乐小记者收集信息所用
工作证	个	10	快乐小记者收集信息所用
便条纸	本	5	
摄像机	部	2	

8. 活动的困难及解决方法

■社区小义工出席情况不佳。由于社区旧改搬迁，部分小义工已搬离社区，由于距离变远或联络方式变更，活动通知存在障碍，小义工前往社区参与活动较为困难。另一原因是部分小义工周末补习时间与活动时间冲突，影响出席情况，原计划有8位社区小义工全程参与3节次的活动，但实际出席者仅为14人次。

■快乐小记者沟通表达能力参差不齐，采访和倡导过程中对言语的灵活性掌握不够。对此，社工提前制作采访活动邀请单，当小记者表述不清时，被访者可以通过邀请单了解活动。另外，社工时刻关注快乐小记者的工作状态，对困难状况及时跟进解决，并亲身示范，引导他们如何寻找居民，如何与居民进行沟通。

2.7.2 活动推行情况

“快乐你懂的·幸福随心转”正向心理社区推广活动的深层意义在于，社区小义工以快乐小记者的身份带动居民参与到活动中来，在传递快乐人生理念的同时，巩固“助人为快乐之本”的体验，学习“为善最乐”的快乐招式。活动效果并非完美，但经验来之不易，期望该活动能在反思中成长，相信日后有更大的进步。

2.7.3 活动总结

1. 目标达成度

■对社区小义工而言，因其年龄层次不等，所以社工只选取“为善最乐”的快乐招式在其中推广，使其参与快乐人生主题活动，并从曾经的志愿服务实践出发，引导他们感受其中的酸甜苦辣，让他们认识到工作中不应该有相互竞争和对比的意识，使他们更加乐于参与义务服务，下决心要成为优秀的社区小义工。活动明显达成预期目标。

■对社区居民而言，快乐招式实践性较强，且贴切日常生活，居民的接受程度较高，且乐于了解学习。但由于活动首次在社区推行，内容可能不够深入，未运用有效的方式引导居民如何以观念及心理的转变，学习如何维持快乐人生、幸福人生，所以活动效果暂时对居民未形成即时、显著的影响，但若能持续地倡导，必见成效。

2. 参与情况

■社区小义工初次尝试小记者角色，较为新鲜，积极性较高，愿意从采访受挫中总结教训，继续努力，但出席率不高（其中的原因在所遇的困难表述中已提及）。

■居民的参与性较高，仅“快乐微博汇”环节就邀请到100多位居民参与分享，普及人群达150人次左右。

3. 实践度/可持续度

虽然这次计划推行时间只有3周，共进行了3次外展活动及分享会，但居民及参加者的回应都很正面，而且也为社区营造并开创了一个“互动、行善、关爱”的气氛；同时社工亦发现，可能是基于丰富的人生经验和人生感悟，社区长者对快乐人生理念认可度较高，部分长者能就“快乐七式”内容与社工进行深入了解和探讨，并提出建设性的活动建议。因此，总结本次活动经验，往后除了可继续动员儿童及青少年在社区推广活动外，也可加入其他群体，如老人、妇女等，扩大服务人群，将快乐人生理念继续传递下去，以达成建立“快乐社区”的最终目标。

2.7.4 督导点评

“快乐七式”正向心理倡导，是一项长远改变个人生活及思考模式的工作。在倡导过程中，社工需要不断努力地去理解这一理论的含义，尝试通过具体工作的推行，把理论应用于生活实践。虽然在筹备及推行中遇到过不少困难，包括安排小义工（小记者）训练、采访、举行小组活动等，但最后均能顺行完成，而且反应也不俗，很显然已有一个很好的开始。在整个项目实施过程中，社工都能利用社区既有资源——义工，以新的工作概念——“快乐七式”中的“为善最乐”招式为介入主题，将动员区内小义工作为介入手法。这不单是要把“快乐七式”正向心理推广社区，同时也为区内儿童及青少年进行了正向心理教育，让他们把它传递到个人、家庭及社区层面。因此，相信这次勇敢的尝试已为她服务的社区，在传递“快乐七式”信息方面打下了基础，期望往后能继续创新。

2.8 领域：老人

负责社工：钟立、牟娜琴、李东林（西乡街道办）、罗艳娣、蒋郭漳、黄锐明、曾艳娜、刘金玲（新安街道办）

香港督导：林淦伟

2.8.1 活动计划内容

1. 活动名称

“全人乐·乐传人”—— 快乐人生。

2. 活动举行日期

2011年10月10日。

3. 活动目的

让老人参与到活动中，回顾人生经验，丰富其老年生活；让老人正面去面对敬老院的快乐生活。

4. 活动目标及流程

●目标

■通过问卷形式，收集老人经历的快乐故事，使老人能够保持愉悦的情绪、缓解焦虑，重塑老人的自尊和成就感；

■通过与老人沟通，保持老人的活力，建立成员间的亲密关系，增进老人对生活快乐的思考；

■活动后回访老人对活动的看法，了解老人的快乐情况。

●流程

表2.12　流程

时间（分钟）	内　容
15	活动当天工作人员协调场地、安排老人出席
15	参加活动的老人签到，引导老人参加活动
75	7名社工与10名老人个别对话，了解他们过去的生活点滴及如何实践正向心理学的内容
5	给每一位参加活动的老人颁发一份纪念品，并且合照留念，让老人每人说一句感谢与赞美的话，并且用笔和纸、相机记录每一位老人的感谢话语
10	物品收集、场地清洁
30	社工和督导一起讨论活动中出现的亮点及不足

5. 活动运用的快乐招式

本次活动运用了全部快乐七式，包括感谢与赞美、健康乐悠悠、敬业乐业、嘉言善意、为善最乐、常怀宽厚及天伦情话。

6. 活动内容/细节/注意事项

■根据正向心理学的理念撰写计划书，并由派驻在敬老院的同工通知老人参加；活动开始时准备好签到表，明确哪一位社工负责哪位老人，之后7名社工分7组，收集10名老人的问卷资料；问卷大约有63道题，平均每一式有9道开放式问题。

■活动结束后给每一位老人一份小礼品。

■社工依据收集的问卷，各自写一份活动总结。

7. 活动所需物资及数量

横幅1条、机构统一服装、小礼品11份、笔10支、设计问卷10份、胶带纸1个、相机1部。

8. 活动的困难及解决方法

■由于大部分老人讲客家话，社工与老人语言沟通出现问题。

■老人参与程度不够。老人的参与可以通过行政渠道，利用行政力量及老人领袖的影响力。

2.8.2 活动推行情况

2011年10月10日下午，深圳市日月社工服务社派驻在西乡街道办、新安街道办社区领域的8名岗位社工，一起在西乡敬老院成功开展了“全人乐·乐传人——快乐人生”推广活动。

此次活动共邀请到西乡敬老院10名长者参加。在活动中，同工们与老年朋友们亲切交谈，并准备了“快乐七式”问卷。问卷中有关于感谢与赞美、健康乐悠悠、敬业乐业、嘉言善意、为善最乐、常怀宽厚、天伦情话等63道问题，通过与敬老院长者朋友的深入交谈，收集他们身边快乐的事、赞美别人的事、健康问题、平生所做的善事等。很多老年朋友都把人生中最快乐的事告诉社工，社工认真地倾听，并做了记录。活动最后，社工们还给老人们送上了一份精美的小礼品。

很多老人表示本次活动很有意义，真正体现了“全人乐·乐传人”的精神实质，欢迎年轻的社工朋友以后多来看他们，并希望通过这种活动，让更多的人了解快乐，把快乐传给更多的人。

2.8.3 活动总结

1. 目标达成度

基本达成目标。活动中收集到的10名老人的问卷资料，对大部分问题都进行了回答。社工记录和总结显示，大部分老人身边都有很多快乐的事。

2. 参与情况

参加的老人都很乐于与社工分享自己快乐的事，社工的表现也很积极。

3. 实践度/可持续度

在社区向居家养老的老人发问卷调查，与本次活动的机构养老相对比。

2.8.4 督导点评

敬老爱幼是中华民族的优良传统美德。大家是否对这句话很有印象：“我们除了乘坐公交车时要让座予长者，以表示对他们的尊敬外——其实老人的生活是充满智慧，有喜亦有悲的。”学习正向心理学精粹，从老人出发是一个很好的方法。

本人十分欣赏各社工的努力，能够将63道问题融会在“快乐七式”中，使老人能通过问题的引导，一一回味人生，与社工分享苦与乐；而社工亦能藉此反思个人的现状，以清晰体会个人的发展路向。

2.9 领域：老人

负责社工： 尚艳丽
香港督导： 郭慧芳

2.9.1 活动计划内容

1. 活动名称
十巧手之舞。

2. 活动举行日期
2011年9月27日。

3. 活动目的
让居民认识到健康与快乐是密切相关的，初步推行“快乐七式”。

4. 活动目标及流程

●目标

■鼓励居民多参与保健运动，注重健康；

■丰富业余生活，娱乐身心；

■分享对健康与快乐关系的认识。

●流程

■介绍。十巧手原是手部的保健操，通过击打，锻炼穴位，防治一些疾病，配合音乐，将十巧手运用其中变为简单的舞蹈，增加运动的趣味性。

■示范——十巧手之舞。

■分享——邀请参加者分享快乐感受，并为自己学习保健而舞蹈鼓掌，告知健康的重要性，鼓励参加者多参与运动。

5. 活动运用的快乐招式

健康乐悠悠。

6. 活动内容/细节/注意事项

表2.13 活动内容、细节与注意事项

时间	内　容	细　节	注意事项
10:00～10:10	介绍	介绍活动目的，介绍协助活动的义工	
10:10～10:20	示范	播放《潇洒走一回》视频，向大家说明需要注意的动作	确保视频效果
10:20～10:50	“十巧手之舞”	义工站在前面，带领参与者跳	协助居民参与当中，把周围围观的居民带动起来
10:50～11:00	分享	分享环节，带出健康的重要性	

7. 所需物资及数量

表2.14 活动所需物资及数量

物　资	数　量
矿泉水	1箱
投影设备	1套
音响	1套

8. 活动的困难及解决方法

■参与对象对“快乐七式”的质疑，不相信这些真的能使自己快乐，可先小范围尝试，即让一小群人受到感染。

■社工理论知识不足，对一些原理性的知识不能很好地解释给参与者听，缺乏相应的说服力；透过容易理解的方法或游戏带出正向心理学概念。

■活动欠缺多样化形式，不足于吸引一些群体，响应丰富活动形式。

2.9.2 活动推行情况

此次活动承接8月举办的一个老年人小组，该小组教授“十巧手之舞”和保健知识。此次活动动员小组组员作为义工，带领居民跳“十巧手之舞”，发挥居民的参与性，同时把活动的影响力扩大，让更多居民参与其中。参与者觉得“十巧手之舞”与专业舞蹈不同，不是讲求动作的专业度，而是可以锻炼身体，同时又能享受将运动变为舞蹈的乐趣。

2.9.3 活动总结

1. 目标达成度

通过之前的老人小组以及此次的“十巧手之舞”活动，

参加者都能感受到运动的乐趣。在分享环节里，参加者表示喜欢此类活动，认为其既可以锻炼身体又能娱乐身心，对于赋闲在家的老年朋友是非常合适的。参加者也明白了健康与快乐息息相关的道理，活动目标基本达成。

2. 参与情况

参加者的参与度很高、很投入，即使冒汗仍然继续跳；活动吸引来的旁观居民，也被感染加入活动。

3. 实践度/可持续度

●实践度

不管是之前的小组或此次的活动，参加者都能在活动中实践教授的技巧，小组成员更能把学到的舞蹈步伐教给未学过的居民，参加者运动后的满足感和快乐可以被直接观察到。调查显示，现代人快乐指数普遍偏低，尤其是长者，因为年龄及身体的一些疾病以及与时代发展的脱节等，心理上有一定的挫败感，身体上又遭遇疾病的折磨，对健康快乐的需求是很强烈的。若能很好地将“健康乐悠悠”运用于老年群体中，从长远来看，对老年人非常有好处，因而将很受老年群体欢迎。

● 可持续度

“十巧手之舞”非常简单，在家里也可以自己跳，参加者在8月的小组活动里，已经学会，并且担当义工，可持续度非常高。作为一项持续推广计划，参与者定于早上定期在社区广场组织较大规模的“十巧手之舞”锻炼，并希望使之成为太极、健康舞之外的另一种居民常规运动。

2.9.4 督导点评

“十巧手之舞”是一种简单的运动加舞蹈，参与者很容易获得满足感，且能带动气氛，可以将其扩大到整个社区范围内，鼓励居民多锻炼。虽然“十巧手之舞”多运用在老年人群体里，但妇女、儿童、在职员工也是适用对象，可以多加尝试。此次活动承接之前的一次小组活动，是由小组组员变为义工、由小组变为社区活动的一次尝试，可见“十巧手之舞”活动形式是可以多样化的。

当认识到由于其对理论的掌握尚不足以说服参加者，打消其对正向心理学的疑虑时，社工就以行动来说服大家，就算掌握不了理论，就算不会“十巧手之舞”，她依然勇敢地去学，学会后再教其他人。在运用正向心理学时，尚艳丽体会到，积极的心态和足够的勇气可以在一定程度上弥补知识的不足。

2.10 领域：康复

负责社工： 陈广

香港督导： 梁燕凤

2.10.1 活动计划内容

1. 活动名称

学习快乐·你乐·我乐·大家乐

2. 活动举行日期

2011年8月23日及9月28日

3. 活动目的

通过组织组员学习“快乐七式”，促进残疾人及其家人能够运用“快乐七式”，掌握快乐的方法，更积极、乐观、快乐地面对生活

4. 活动目标及流程

●目标

■传授快乐——传授“快乐七式”给组员，并通过活动巩固使人快乐的方法，促进组员对“快乐七式”的理解和运用；

■促使组员表达自己的自信，以保持健康心态，积极地诉说自己的心声；

■促进交流和支持——促进组员及组员和家人之间的交流，将“快乐七式”方法运用到生活当中，以影响周围的人。

●流程

第一节：2011年8月23日15:00~17:00

表2.15 流程

序号	时长（分钟）	内 容	目 标	物 品
1	5	● 介绍此次活动的目的及活动流程 ● 介绍“快乐七式”给我们的生活带来的积极效果	让组员知道“快乐七式”	签到表
2	10	● 游戏：盲人吃香蕉 ● 组员之间互表感谢与赞美之意 ● 讨论生活中哪些事值得我们感谢与赞美	让组员之间相互帮助，让组员对自己配合的队友表达感谢并称赞对方	香蕉、蒙眼布
3	10	介绍“健康乐悠悠”及健康生活的方法，并对照所列的生活方法看自己做到了哪些，哪些需要改善	让组员了解一些健康的知识和方法	海报纸、白板笔

续表2.15

序号	时长（分钟）	内　容	目　标	物　品
4	10	● 讨论生活中我们对自己和对他人的一些积极的态度 ● 介绍“嘉言善意”及讨论生活场景中我们怎么样表达是积极快乐的表达，讨论生活中的嘉言善意	让组员学习用正面的语言去表达自己的感受	海报纸、白板笔
5	10	● 简单介绍为善最乐，介绍常怀宽厚 ● 游戏：轻松一刻——“上山打老虎”，被淘汰者需要通过对其他的成员说一些赞美的话作为奖励	了解常怀宽厚的方法；促进组员之间的交流	
6	10	● 天伦情话：介绍家庭中要表达的一些态度，并对比自己做到了哪些，同时分享生活中我们哪些地方应该积极地去面对，模拟场景，分享感受	让组员了解天伦情话的重要性	海报纸、白板笔
7	15	● 回顾“快乐七式”，大家学习到了哪几式，一起朗读“快乐七式” ● 给大家留下作业，回去向自己的家人说一句感谢的话，同时表扬一下家里的人	促进组员对“快乐七式”的掌握，并激发组员将“快乐七式”用到生活当中	

第二节：2011年9月28日15:30～17:00

表2.16　流程

序号	时长（分钟）	内　容	目　标	物　品
1	5	介绍此次活动的目的及活动流程	回顾“快乐七式”的内容	签到表
2	10	● 了解上次活动后向家人说了感谢话取得的效果以及作业完成情况 ● 回顾“快乐七式”的内容，并看看大家对上次活动中的哪一式了解得比较清楚及其生活中对这一式的体会	体会上次“快乐七式”带来的效果	
3	15	● 游戏“扮时钟” ● 体会扮时钟过程中的感觉	活跃气氛	画有时钟的海报纸
4	30	精彩瞬间： ● 通过幻灯片，回顾前6节活动的精彩瞬间 ● 提取有意义的场景，分享感动，说出祝福 ● 体会我们生活中的点滴快乐，并进行分享 ● 大家对应自己的角色说出台词	学习和强化“快乐七式”的内容，分享生活中的点滴快乐	幻灯片

续表2.16

序号	时长（分钟）	内　容	目　标	物　品
5	20	快乐人生游戏： 以游戏的形式学习和体会“快乐七式”，分享对“快乐七式”的感受	练习“快乐七式”；帮助成员建立相互支持的良好关系； 对游戏中遇到的“快乐七式”进行分享	快乐人生游戏布
6	10	进行活动总结，分享本次活动的收获	深化对“快乐七式”的理解和记忆	
7	5	大家一起说出“快乐七式”，同时合影	强化“快乐七式”	“快乐七式”的海报

5. 活动理念、理论及快乐招式运用

●理念与理论

有关人如何获得快乐的研究发现，最少有7种方法能带给人长远的快乐，这“快乐七式”包括感谢与赞美、健康乐悠悠、敬业乐业、嘉言善意、为善最乐、常怀宽厚及天伦情话（香港临床心理学家罗泽全快乐中级教练培训课程）。精神病人作为社区的一个群体，他们及其家人在生活中会面对比

常人更多的挫折和困难，他们可能会自卑、消极并退缩，我们希望通过对“快乐七式”的学习，让他们变得更快乐，以更积极乐观的态度去面对生活。

●快乐七式

感谢与赞美、嘉言善意、天伦情话、常怀宽厚、健康乐悠悠、为善最乐。

6. 活动内容/细节/注意事项

由于时间有限，需要在两节的时间内把“快乐七式”的方法传授给大家，所以必须有侧重点。本小组活动主要侧重在健康乐悠悠、感谢与赞美、嘉言善意、常怀宽厚和天伦情话。其基本方式包括如下四点：

（1）注意组员的反应，活动采取动静结合的形式组织，因为患者对直观知识接受的时间有限度，所以在适当介绍内容之后，立即通过游戏来提升对“快乐七式”的认识。

（2）注意活动中的分享，让组员用积极的心态来表达自己的感觉，同时结合“快乐七式”做一些模拟。

（3）活动过程中注重让组员将“快乐七式”与生活中的事件联系起来，并引导他们将其运用于生活中。

（4）注意每个患者的情况，防止其在活动过程中发病，并及时与医生做好沟通。

7. 活动所需物资及数量

表2.17 活动所需物资及数量

序号	物　资	数　量
1	海报纸	20张
2	香蕉	12根
3	白板笔	4支
4	蒙眼布	10条
5	快乐人生游戏布	1张

8. 活动的困难及解决方法

●困难

■社工担心自己对“快乐七式”的把握不够，不能很好地传达“快乐七式”；

■活动开展时工作人员缺乏，同时社工担心组员发病，因而不能很好地控制局面；

■无活动经费，需要的物资无法正常准备。

●解决办法

■在对“快乐七式”的传达和把握方面，社工一方面向督导请教，另一方面查阅“快乐七式”资料，放松心情，并相信自己能够做好，所以活动开展得比较顺利。

■由于工作人员不足，同时对患者的病情把握不准，所以在开展活动过程中社工要求社康医生配合，此外还邀请了其他社工来帮忙。

■资金缺乏，主要是通过社康来争取资源，因为社康中心也需要开展此类活动，但是不知道方法。所以，通过社工组织策划活动，社康中心准备物资，顺利解决了无经费的难题。

2.10.2 活动推行情况

此次活动分两节进行，第一节注重将“快乐七式”的内容传授给组员，同时引导组员对“快乐七式”进行分享和体验，另外在活动结束后引导组员将“快乐七式”运用到家庭当中；第二节是在第一节的基础上进行深化和巩固，主要是体会和运用“快乐七式”的方法。

组员能够积极参与活动当中，享受和分享活动的每个环节。他们的一张张笑脸让社工看到了他们对活动的满意，也基本上达到了社工设定的活动目标——传授快乐的方法，了解“快乐七式”以及在活动当中同其他组员相互沟通、表达积极向上的观点，第二节的深化使得组员将活动延续至生活，增强了活动效果。

2.10.3 活动总结

1. 目标达成度

通过对组员和社康医生的访谈以及我们的观察，该活动达成了以下目标：

（1）组员能够积极地参与到活动中，并能够同大家分享和感受“快乐七式”，对活动的安排也很满意。

（2）组员对“快乐七式”中“健康乐悠悠”、“感谢与赞美”、“嘉言善意”、“天伦情话”、“常怀宽厚”有了自己的理解和认识，并能体现且将会实践到自己的生活当中。

（3）社康医生说通过此次小组活动，在家访时组员能够积极表达自己的心声了，他们在同家人沟通的时候也会运用“快乐七式”。

（4）应社康医生及组员的要求，将“快乐人生”游戏布作为礼物送给他们，使其在以后开展残疾人活动时，也可以通过这个游戏去学习和感受“快乐七式”。

2. 参与情况

第一次活动报名11人，参与10人；第二次活动报名12人，参与11人。

组员能够积极地参与到活动当中，每一个设计的内容都能够很好地实施，基本实现活动目标。

将“快乐七式”的内容传递给组员，组员在听的过程中能够分享自己的感受。在活动过程中，组员能积极参与分享，同时通过分享和体验，组员感受到了“快乐七式”带来的益处。

3. 实践度/可持续度

活动受到了组员的欢迎。在活动过程中，组员感受到了开心和快乐，对于“快乐七式”也表示认可，认为此类活动还可以通过组织其他残疾人加以推广。虽然小组活动只有两节，但通过学习、实践，组员能够将快乐方法持续应用于生活中，特别是“天伦情话”和“感谢与赞美”。

2.10.4 督导点评

本次活动是桃源社区的精神病康复者及其家属提供的服务，为社康医生和社工共同开展的活动。针对精神病康复者及其家属往往承受着别人的白眼和社会融合问题，其情绪往往受到压抑而显现出不开心的情况，社工认为“正向心理学——快乐七式”正好是协助他们学习快乐、改善情绪及精神面貌的途径。尽管受时间所限，只进行了两节小组活动，但其内容亦算全面和丰富。此外，社工还主动利用网上资源、快乐人生游戏，加强组员对内容的理解。组员的接受效果亦不错，并表示日后会将其应用于生活中，这已是颇为难得的了。若能拓展成一个小组，相信其持续效果会更为理想。

2.11 领域：活动康复

负责社工：缪燕辉

香港督导：范楚汉

2.11.1 活动计划内容

1. 活动名称

健康乐悠悠之笑面关节疼痛。

2. 活动举行日期

2011年9月9日至10月14日（逢星期五下午一节）。

3. 活动目的

提升老年人预防和缓解关节疼痛的知识和能力，使老年人正面和积极地面对关节疼痛。

4. 活动目标及流程

●目标

通过信息提供、组员间个人经历分享，使老年人学习预防和缓解关节疼痛的知识。

●流程

表2.18　流程

节次	活动日期	每节活动名称	目　标
第一节	9月9日	我们都关节疼痛	组员与社工、义工间相互认识，建立良好关系，社工了解组员对预防和缓解关节疼痛的认知程度
第二节	9月16日	认识关节疼痛	让老年人学习预防和缓解关节疼痛的知识
第三节	9月23日	情绪与关节疼痛	让老年人学会在关节疼痛时管理自己情绪，避免关节疼痛时的负面情绪加剧不良感受
第四节	9月30日	学会放松	让老年人懂得使用肌肉放松技术，缓解关节疼痛时的不良感受
第五节	10月14日	笑对关节疼痛	让老年人树立起在生活中笑对关节疼痛的信心

5. 活动运用的快乐招式

小组主要使用的快乐招式是“健康乐悠悠”。结合正向心理学的相关理论，围绕小组目标，现将在小组中应用这一招式的具体方式阐述如下。

（1）正向心理学的相关研究发现，对于患有慢性疾病人士，例如关节疼痛的老人，信息的提供、身心松弛的技巧、不正确观念的纠正、生活习惯调整及呼吸练习，均能有效减少患者的焦虑感，增加调适能力，有助于患者康复。本次小组活动的第一、三两个具体目标，均与这一研究结果有关，而小组活动的第二、三、四节，则是这一理论的具体运用。在小组活动的第二节，社工将带领组员从预防和缓解的角度认识关节疼痛。对于患有关节疼痛的老人，社工提供的信息包括一些能够预防和缓解关节疼痛的方法，如饮食调理、体育锻炼和保持良好心理状态等。与关节疼痛相关的不正确观念和生活习惯包括运动不当、不良走路习惯和盲目按摩等。在小组第二节，社工将从认知层面纠正组员的不良观念和习惯。社工教导的身心松弛技巧主要有“深呼吸放松技术”和“肌肉放松技术”。其中“深呼吸放松技术”比较简单，将作为第三节的部分内容；而“肌肉放松技术”较为复杂，则被放在第四节进行。

（2）正向心理学研究还发现，身体状况和情绪有着紧密的关系。身体健康和情绪好坏唇齿相依，如果没有健康的身体，便无法有良好的情绪；如果无法保持良好的情绪，便无法拥有健康的身体。由此可见，老年人的关节疼痛问题和情绪问题是相互影响的，治疗必须兼顾两者。在这种思想的指导下，本次小组提出了第二个具体目标，并于第三节具体实施，其主题是“情绪与关节疼痛”。社工将在小组聚会时和组员探讨情绪和健康、情绪和关节疼痛的关系，以指导组员在关节疼痛时管理情绪。

（3）正向心理学和健康心理学研究同时发现，在患者的康复过程中，若彼此间能提供社交支持，不但能带来正面效应，亦能减少心理压力、增强患者的调适能力。小组组员都患有关节疼痛，共同面对着该慢性疾病带来的身体、心理、情绪等方面的挑战。老年社会工作专家认为，小组组员是最佳的支持系统，因为其他组员可能正在经历或者曾经历过相似的生活危机和考验，因而可以在小组内分享体验自己面对困境的经验。虽然本次小组不是支持小组，但是具有支持小组所具有的社交支持功能。

6. 活动内容/细节/注意事项/所需物资及数量（见表2.19至表2.23）

第一节主题：我们都关节疼痛

日期/时间：2011年9月9日/下午2：30～3：30

表2.19　活动安排、注意事项与所需物资及数量

时间（分）	目　的	内容、细节与注意事项	所需物资及数量	工作人员角色
10	组员间及组员与工作员间相互认识	● 社工及义工自我介绍（包括姓名及在组中的角色等） ● 组员自我介绍（包括姓名或称呼及对小组的期望等）	义工1名	起始者
10	组员清楚了解小组目的及内容，澄清他们的疑问	社工介绍小组目的及内容		引导者
25	组员分享个人的关节疼痛经历，社工了解组员对关节疼痛的认知、应对行为、日常生活习惯	● 组员分享个人有关疼痛的经历，社工引导建立相互支持、相互学习的氛围 ● 社工询问组员关节疼痛的相关问题，指导他们填写相关问卷 ● 评估组员对这方面知识的认知程度 ● 鼓励、赞赏组员的某些有效应对方式		推动者

续表2.19

时 间（分）	目 的	内容、细节与注意事项	所需物资及数量	工作人员角色
5	与组员一起订立小组规范，使他们对小组更有归属感并承担责任	为了提高效率，小组规范由社工事先草拟，然后征求组员意见做出修改并最终定稿		执行者
10	让组员表达对这次聚会的感受，令社工明白他们对小组的看法和意见，使社工能从中改善，同时令各组员了解到别人的感受	邀请组员简单地说出对这次聚会的感受及意见		引导者

第二节主题：认识关节疼痛

日期/时间：2011年9月16日/下午2：30～3：30

表2.20 活动安排、注意事项与所需物资及数量

时间（分）	目的	内容、细节与注意事项	所需物资及数量	工作人员角色
10	老年人学会手部健身操	教老年人做手部健身操	—	—
40	老年人学习预防和缓解关节疼痛知识	●派发关于关节疼痛的成因、预防、缓解等方面知识的材料 ●社工与组员一起学习材料，并联系自身的情况，讨论生活中错误的认知和行为	A4纸50张、打印机1台、义工1名（协助派发资料）	专家
10	让组员表达对这次聚会的感受，令社工明白他们对小组的看法和意见，使社工能从中改善，同时令各组员了解别人的感受	邀请组员简单地说出对这次聚会的感受及意见	—	引导者

第三节主题：情绪与关节疼痛

日期/时间：2011年9月23日/下午2：30～3：30

表2.21　活动安排、注意事项与所需物资及数量

时间（分）	目　的	内容、细节与注意事项	所需物资及数量	工作人员角色
10	复习上周学到的知识	●社工摘要上周学习知识的重点 ●组员简单分享过去一周所学知识在生活中的应用	—	引导者
15	了解组员在关节疼痛中的情绪状态、不良情绪对组员的影响、情绪管理能力	●组员分享在关节疼痛中的情绪问题，社工以同理心给予安慰、疏导，同时引导组员相互给予鼓励支持 ●社工评估不良情绪对组员关节疼痛时的负面影响	—	观察者、反馈者、引导者、催化者
25	学习情绪管理技巧	●结合正向心理学相关理论，社工向组员说明情绪与身体健康的关系 ●派发情绪管理技巧相关资料 ●联系组员自身情况，学习情绪管理技巧	A4纸50张、打印机1台、义工1名（协助派发资料）	引导者

续表2.21

时间（分）	目　　的	内容、细节与注意事项	所需物资及数量	工作人员角色
10	让组员表达对这次聚会的感受，令社工明白他们对小组的看法和意见，使社工能从中改善，同时令各组员了解别人的感受	邀请组员简单地说出对这次聚会的感受及意见	—	引导者

第四节主题：学会放松

日期/时间：2011年9月9日/下午2：30～3：30

表2.22　活动安排、注意事项与所需物资及数量

时间（分）	目　　的	内容、细节与注意事项	所需物资及数量	工作人员角色
40	指导组员学会放松技术	播放“肌肉放松指导语”	便携式小音箱1个、MP3播放器1个	专家
10	让组员表达对整个放松过程的感受	邀请组员简要表达对刚才肌肉放松过程的感受，社工对放松效果进行评估	—	

续表2.22

时间（分）	目的	内容、细节与注意事项	所需物资及数量	工作人员角色
10	让组员表达对这次聚会的感受，令社工明白他们对小组的看法和意见，使社工能从中改善，同时令各组员了解别人的感受	邀请组员简单地说出对这次聚会的感受及意见	—	引导者

第五节主题：重温小组内容

日期/时间：2011年10月11日/14：30～15:30

表2.23　活动安排、注意事项与所需物资及数量

时间（分）	目的	内容、细节与注意事项	工作人员角色
20	让组员重温小组内容	与组员总结分享小组内容	观察者、反馈者、引导者、催化者
20	让社工了解组员对小组的感受	邀请组员分享参与小组的感受	
20	评估小组成效	做组后问卷	

7. 活动的困难及解决方法

（1）困难：老人看不懂问卷。为了招募、评估等工作，社工将使用问卷调查，但有些老年人可能不识字或看不懂问卷。解决方法：针对某些不识字或看不懂问卷的老人，社工可以用通俗的口头语言询问，完成问卷的信息收集。

（2）困难：社工第一次带小组，个人工作上缺乏经验。带领小组的社工2011年7月才到岗位述职，从事社工行业只是一段很短的时间，而且大学期间学的专业并非社工专业，对于带小组要注意的一些细节问题，社工缺乏认知。解决方法：社工努力学习履行社会工作理念，阅读小组工作方面的书籍，并寻求督导的帮助，与其他年资较深的社工多交流；同时还得思考如何把所学的心理学知识，整合到小组工作实务中。

2.11.2 活动推行情况

第一节：组员及社工、义工间相互认识，建立了良好的关系，社工了解到组员对预防和缓解关节疼痛的认知程度。

第二节：小组社工与组员交流学习关节疼痛知识，结合组员自身的情况进行讨论交流。在逐一学习预防和缓解关节疼痛的9种方法时，组员们都表现出比较浓厚的兴趣，时不时相互进行热烈讨论。

第三节：小组主题是“情绪与关节疼痛”。在小组过程中，社工引导组员分享自己疼痛时的情绪状态以及如何处理疼痛时的情绪问题。社工在小组里重点教授的情绪管理技巧是“深呼吸放松技术”。

第四节：小组第四节活动，主题是引导老年人练习肌肉放松技术，从而缓解关节疼痛时的不良感受。使用的材料是一段约40分钟的指导语音频。

第五节：这是小组的最后一节活动，社工带领组员温习曾学习的知识和技巧，并鼓励组员分享对整个小组活动的感受和意见。

2.11.3 活动总结

1. 目标达成度

本次小组活动有以下3项目标，其达成情况如下：

（1）通过社工的信息提供、组员的个人经历分享，让老年人学到预防和缓解关节疼痛知识。经调查问卷以及社工在小组过程中的观察和分析等评估，该目标达成良好。

（2）让老年人掌握患关节疼痛时的情绪管理技巧，从而减少负面情绪加剧关节疼痛时的不良感受。该目标达成度良好，组员在小组活动中掌握了情绪管理技巧，但不能确定其在今后生活中是否能坚持使用这些方法。

（3）使老年人懂得使用肌肉放松技术，缓解关节疼痛时的不良感受。该目标达成良好，组员在小组活动中掌握了肌肉放松技术。但同样不能确定他们在以后的生活中是否会坚持使用这些方法。

2. 参与情况

从组员的出席率及社工在小组活动过程中的观察和分析，可以认为本次小组组员的参与度较高。

3. 实践度/可持续度

鉴于此次小组活动取得了一定的成效，因而可以考虑开展第二期、第三期，让更多的老年人学习预防和缓解关节疼痛的知识和技巧。

2.11.4 督导点评

社工以自己的想法，融合理论与实践，将自己所了解的知识应用于实务工作之中，是此次小组活动的一个突出亮点。社工在这次小组活动中的意见，可归纳为以下3项。

1. 有效运用正向心理学知识

正向心理学的理论与实务，共包含七大指标，社工选择了其中的一项作为小组介入目标的手法，深入浅出地让老年人认知了预防关节痛的重要性。在引用知识方面，无需全盘托出，而是从实际服务层面出发，重点突出一个介入点，从而深层运用个中技巧。因而，从服务对象的实际需要出发，选择和使用理论知识，是该小组的突出特征。

2. 明确分析服务使用者的需要

在选取相关理论介入服务使用者之后，社工能适切地将理论知识运用于服务使用者，这是对服务使用者实际需要做出仔细评估的结果。因为要为服务使用者负责，而不是为了完成个人工作指标，是社工的服务宗旨。因而，围绕服务使用者的需要，设计相关活动，显得特别重要。通过对本次小组活动的观察发现，组织小组活动的社工具有良好的洞察力，即使是刚到职的新秀，也能花一点时间和精力，去仔细观察和分析服务使用者的需求，从而真正做到了有针对性地围绕服务使用者之需要来设计小组活动的目标及计划。

3. 需要与实务的匹配

在恰当处理服务使用者之需要、运用相关理论及设计小组流程方面，经过专业培训的社工，基本没有什么困难。本次小组活动的负责社工，除敏锐地洞察服务使用者需求、研判相关理论运用以及恰当设计有关活动内容外，还能彼此呼应，有意识地将小组活动目的、目标及评估相互关联，这些均显示了内地社会工作专业发展起步时期的重要特征。

本次小组的部分地方需做进一步调整和修改。

■应对老年人的文字阅读与表达能力问题：正如困难部分所提及，阅读能力对于在老年人中开展小组活动，是一个重要障碍。为此，社工需在设计、评估及制定指标上，切实加以考虑。而运用辅助工具，让老年人确实吸收有关健康知识，是应对这一问题的必要手段。

■小组工作成效评估工具选择：不应只限于文字表达方式，应在文字之外，选择和获得其他评估工具。如不仅可以借助小组互动、沟通模式，讨论小组活动过程对参加者转变的作用，而且还可从内容变化的角度评估活动参加者在活动进程中的转变。

■引领小组活动技巧：由于引领小组活动的社工，是刚从学校毕业的新秀，其在引领小组活动技巧上，尚有不少疏漏及不流畅的表现。即使是有经验的社工，在这方面也未必具有相关小组工作经验。因而，不断尝试乃是成功的开始。尽管遇到失败或挫败在所难免，但要想获得切实成效，就必须不断总结失败的教训和成功的经验并做出及时调整。而打造一个常规平台，定期举办小组活动，以训练个人引领小组工作技巧，无疑是社工专业发展的一条必要途径。

2.12 领域：企业

负责社工：刘克慧，胡桃

香港督导：黄翠珊

2.12.1 活动计划内容

1. 活动名称

快乐工作·快乐生活。

2. 活动举行日期

2011年10月14日。

3. 活动目的

通过正向心理学“快乐七式”，让企业员工舒缓情绪压力，以建构快乐、健康心理，推广快乐人生信息。

4. 活动目标及流程

通过活动，把“快乐七式”和快乐传播给企业员工。

5. 活动运用的快乐招式

感谢与赞美、敬业乐业、嘉言善意。

6. 活动内容、细节、注意事项

（1）通过“串名字”游戏让参与人员先相互认识、相互熟悉，以便后续活动开展。

（2）简单介绍“快乐七式”内容及本次活动整体安排、目的及预期效果。

（3）通过热身游戏增加彼此间的了解和认识。

（4）发放“正向及负向情感量表”，并对照该量表让组员分享各自心理现状，以导出各自在生活和工作中面对的情绪压力。

（5）商讨建立快乐工作的方法，构思实践和行动方案，建立快乐及相互关怀的工作氛围（基本方法包括在告示板上写赞美和感谢的话，举办联谊和舒缓压力活动）。

（6）通过工作价值观拍卖游戏，了解组员对工作的态度，引导组员培养乐观思维。

（7）简单介绍嘉言善意，鼓励大家发掘自己的优点，增强工作自信。

（8）每个组员在准备好的卡片上，写上对一个同事或朋友的鼓励、感谢或赞美的话语，并送给对方；引导组员多看身边人的优点，以便使自己工作起来更快乐。

（9）小组问卷评估，发放小礼品、合影。

7. 活动所需物资及数量

宣传资料50份、饮用水50份、横幅1条、卡片50张、小礼物50份、正向及负向情感量表50张。

8. 活动的困难及解决方法

（1）困难：参加活动的实际人数为38人，超过预期20人；解决方法：当即决定分成两个小组，两名社工同时进行并顺利完成计划活动。

（2）困难：原计划是企业的办公室员工参加活动，但实际参加者却为企业的普工；解决方法：将“快乐办公室”环节改成“快乐工作”环节，使本次活动更贴近劳务工群体，以达到预期的效果。

2.12.2 活动推行情况

本次活动得到了科技园社区工作站的财力和人力支持，而且还得到了企业的积极配合，企业员工也踊跃参与。通过这次活动，把快乐信息传递给了更多的人，其结果是让这些企业员工更积极、快乐地投入到了工作和生活中。

2.12.3 活动总结

1. 目标达成度

达成了传递快乐工作、快乐生活理念的目标，让企业员工认识了“快乐七式”，并学会了运用感谢与赞美、敬业乐业和嘉言善意。

2. 参与情况

企业员工积极参与，全情投入。

3. 实践度/可持续度

如果能在条件许可的前提下，反复开展这种面向企业员工的宣传快乐理念的活动，招募更多的快乐大使，快乐理念将更多地得以宣扬。

2.12.4 督导点评

作为经济特区，深圳拥有数量众多、规模不等、种类各异的企业。在推行现代企业制度的同时，运用社会工作方法，消除企业内外的各种不和谐因素，已经成为迫切的需要。近期由中国社会工作协会与深圳市民政局在深圳举办的“首届中国企业社会工作建设研讨会”结论认为，企业社会工作应该受到进一步重视。科技园社区正是一个拥有众多营商及生产企业的社会单元。因而，对于社工而言，在这样的社区开展企业活动十分便利。在接受正向心理培训后，无论是概念还是技巧，社工都有所进益。而在如此有利的条件下开展“快乐工作，快乐生活”正向心理学分享活动，便有了天时、地利、人和之优势。

具体到本活动，其重点和亮点乃是为了让企业员工在参加活动后，能身体力行，切切实实地把活动中学到的技巧应用到生活及工作中，让自己真的快乐起来。所以在内容设计上，社工特意要求参加者构思一些简单又可行的方法，以便共同努力，建立起一个快乐工作空间。社工的用心和努力，具体体现于构思不同方法、鼓励参加者投入方面。其在引领活动过程中所表现出的灵活性，由此可见一斑。

2.13 领域：企业

负责社工：王淑娟

香港督导：郭慧芳

2.13.1 活动计划内容

1. 活动名称

快乐工作·幸福生活——积极心理学快乐秘籍。

2. 活动举行日期

2011年8月15日。

3. 活动目的

传递正向心理学理念，将积极与快乐理念运用于职场与生活中，使工作、生活变得更加快乐。

4. 活动目标及流程

●目标

通过讲座，结合讲解、小测试、视频赏析、互动、角色扮演等多种形式，传达快乐理念，让参与者学会感谢与赞美。

●流程

■以职场不快乐为引子，引出快乐测试环节，让参与者明白自己现在工作的情绪状态；

■由积极思考与消极思考的对比，引导出不同思维方式可以改变人的情绪状态的结论；

■由思维模式导出正向心理学（在内地亦称积极心理学）和罗泽全老师的“快乐七式”；

■重点讲解“感谢与赞美”这一招式的技巧，由工作人员角色扮演，带头示范，并带动参与者互动；

■发放赞美卡和快乐小贴士；

■结束语、评估。

5. 活动运用的快乐招式

感谢与赞美。

6. 活动内容、细节、注意事项

表2.24 活动安排与注意事项

时间	内容	细节	注意事项
18:30～18:40	职场里你快乐吗	开场白，讲座开始，引子，播放视频白领版《愤怒的小鸟》	保证视频能够正常播放
18:40～18:45	快乐测试	发放测试让参与者填写，了解参与者快乐状态	避免问参加者得分多少
18:45～19:00	积极思考与消极思考	通过图片展示，引出积极与消极思考的区别；互动讨论	对参加者的每个回应要提出切合的回应，处理好与主题不符的回应
19:00～19:15	角色扮演，与参与者互动	两位工作人员做赞美技巧的正反示范，邀请参与者锻炼	参与者不积极活动时，应多给时间、多鼓励
19:15～19:30	讲解积极心理学	以故事形式引出积极心理学的来源与现实运用及其与传统心理学的区别	这一部分理论性较强，应根据参与者的反应随时调整讲解深度
19:30～19:55	快乐工具——感谢与赞美	引出“快乐七式”；讲解感谢赞美技巧；播放视频：电影《小孩不笨》里的赞美vs批评部分、《如何表扬同事》里的赞美技巧部分	保证视频能正常播放，注意从快乐到感谢与赞美的过渡
19:55～20:00	发放小纪念品	讲座准备结束，发放赞美卡让参加者填写，然后送给想赞美的人，发放技巧小贴士	
20:10～20:30	评估与宣传	填写问卷，宣传中心与社工合影	

7. 活动所需物资及数量

表2.25 活动所需物资与数量

物 资	数 量
活动横幅	1条
激光笔	1支
手工制作赞美卡	50张
电脑、音响、麦克风等	由举办公司提供
测试问卷、赞美技巧小贴士、评估表、中心宣传单等	各50份

8. 活动的困难及解决方法

■ 互动环节参与度低：主讲者邀请一名参与者与一名协助社工互动，如再无人响应，主持人邀请两位协助社工互动。

■ 在场地安排方面与企业的协调不够充分，音响、光源等设备不足，在讲座开始前双方进行协调，并提前去场地布置。

2.13.2 活动推行情况

“快乐工作·幸福生活——积极心理学的快乐秘籍”运用“感谢与赞美”的快乐招式，通过讲解、小测试、视频赏析、互动、角色扮演等多种形式，为40余名企业办公室人员以及公司管理层，传达快乐的信息及赞美的技巧。

2.13.3 活动总结

1. 目标达成度

宣传积极心理理念目标基本达成。讲座过程中，绝大部分参与者表现得挺开心，能体会活动所传达的“快乐重要”的信息。

参与者学会了赞美技巧。评估显示，80%的参与者会将学到的技巧用于生活中。但在讲座过程中，参加者能感受、训练赞美技巧的机会不是很多。

表2.26　讲座调查

调查项目	极不符合（1分）	不太符合（2分）	一般（3分）	比较符合（4分）	非常符合（5分）	平均分
我喜欢这次讲座	0	0	10	12	6	3.8
我在本次讲座中学到了快乐方法	0	1	11	9	7	3.9
参加这次讲座让我认识到了快乐的意义	0	1	11	9	7	3.9
我会将今天学到的知识运用于生活中	0	1	7	10	10	4.2
我喜欢主持人的讲课形式	0	0	12	8	8	4.0
安排的场地让我感到舒适	0	0	8	10	10	4.2

2. 参与情况

参与度很高。尤其是互动环节，有1/3的参加者发表过意见；而播放视频时，大家的注意力都很集中。唯一不足的是在赞美别人的环节，未能邀请到参加者示范学到的有关技巧。

3. 实践度/可持续度

●实践度

评估显示，参加者在“学到快乐的方法”、“认识到快乐的意义”以及“把知识运用到生活中”的评分，均在3.9至4.2之间（满分为5），这表示活动的实践度还是高的。而正向心理学在企业的运用过程中需要注意三个方面。

（1）根据不同层次的对象决定讲解理论的深度和广度。如本场的参与者主要是办公室及管理层人员，文化层次相对高一些，可多讲一些正向心理学知识。

（2）香港、台湾地区常用“正向心理学”，内地通常用“积极心理学”，因此在开展讲座的时候涉及此理论时通用的是“积极心理学”这个名词。

（3）技巧学习切忌光是枯燥地讲解，应给参与者较多的学习机会与锻炼机会。前者主要是通过工作人员的正反示范让参与者有一个直观的感受；后者要通过多鼓励等方式来让参与者亲身学习，这点在本场活动中有待提升。

●可持续度

在该企业暂时只举行了这一次讲座，难以观察此讲座的可持续度。不过在讲座结束时，向每个参加者发放了感谢卡和赞美技巧小贴士，以鼓励参与者在讲座后自己去感受、训练有关知识与技巧。

2.13.4 督导点评

1. 不求全，只求合适

在设定讲座内容时，正向心理学提供了一个很好的思考框架，但如何在1.5小时的讲座里把快乐信息有效传达给参与者，确实需要去探索。负责社工选择了“感谢与赞美”这一招式，原因是这一招式可运用于管理层与下属之间的沟通，而且相对比较容易掌握。

2. 助人同时自助

主讲者的心态对于讲座的成效起到了非常重要的作用。在准备资料过程中，社工一边探索如何教授感谢与赞美，一边反思自己在工作和生活中对待自己和别人的态度。对她而言，这不仅是一个“助人”的过程，也是一个“自助”的过程。

3. 生动展示理论

以讲座形式宣讲正向心理学，多多少少要传授一些理论。为了把生硬的理论生动地展示出来，同时又要让参与者明白、理解，此次讲座运用了不同模式，包括快乐测试、与赞美有关的视频、由社工现场示范的角色扮演、与参加者互动的问答题、参加者亲身锻炼等。反馈显示，参与者最欣赏的是视频和互动。

4. 内容生活化

此次讲座内容偏向于从社工的角度出发，与企业员工生活的相关性不足。一些参与者要求今后多采用与其切身情景相关的实例。年轻的深圳社工，在毕业之后即进入新兴的社工领域，不仅社工工作经验相对缺乏，而且对企业职工经验、想法的认识也相对缺乏。因而，建议日后在企业举办活动，事先与企业人员多交流，甚至应该事先到企业访谈，并自拍视频以供讲座时讨论用。

5. 形式多元化

不少企业都为自己的员工提供不同的服务，如举办员工康乐活动，请专家讲授工作减压方法、保健知识等，这些实际上都与正向心理学有相似之处。因而，年轻的社工要想介入企业推广正向心理学，实在需要更多的实战。但只要不断地去做，便不难积累经验。除讲座外，社工还可以以工作坊、小组辅导、小组活动等多元化的形式开展工作。此外，还可以多样化地运用快乐招式，或重点突出某些招式，以丰富自身的经验。

2.14 领域：企业

负责社工：王淑娟

香港督导：郭慧芳

2.14.1 活动计划内容

1. 活动名称

快乐工作·幸福生活——积极心理学快乐秘籍。

2. 活动举行日期

2011年10月17日。

3. 活动目的

传递正向心理理念，将积极与快乐运用于职场与生活中，使工作、生活变得更加快乐。

4. 活动目标及流程

●目标

■通过讲座，结合讲解、小测试、视频赏析、互动、角色扮演等多种形式，传达快乐信息；让参与者学习感谢与赞美技巧。

●流程

■以职场不快乐为引子，引出快乐测试环节，让参与者明白自己现在工作的情绪状态；

■由积极思考与消极思考的对比，引导出不同思维方式可以改变人的情绪状态的结论；

■由思维模式导出正向心理学和罗泽全老师的“快乐七式”；

■重点讲解“感谢与赞美”这一招式的技巧，由工作人员角色扮演，带头示范，并带动参与者互动；

■发放赞美卡和快乐小贴士；

■结束语、评估。

5. 活动运用的快乐招式

感谢与赞美。

6. 活动内容/细节/注意事项

表2.27　活动安排与注意事项

时 间	内 容	细　　节	注意事项
16:00～16:10	开场白	简介讲座的内容，引出职场的不快	
16:10～16:20	快乐测试	发放测试表给参与者填写，让参加者了解自己的快乐状态	避免询问参加者得分多少
16:20～16:30	讲解积极心理学	以故事的形式引出积极心理学的来源与现实运用、与传统心理学的区别	这部分理论性较强，需要根据参与者的反应随时调整讲解的深度
16:30～17:00	讲解赞美的两个原则与7个技巧	● 原则一：跳出思维的框框 ● 原则二：看优点，看进步 ● 7个技巧 ■ 注意身体语言的配合，如保持眼神接触； ■ 简洁，重复或过量等于虚伪； ■ 说出对方名字，要明确、认真，特别是对从来不赞许别人的人； ■ 措词要保守、含蓄； ■ 选择不需要对方帮忙的时候； ■ 措词要保守含蓄； ■ 选择不需要对方帮忙时	保证视频能正常播放，注意从快乐到感谢与赞美的过渡

续表2.27

时 间	内 容	细 节	注意事项
17:00～17:15	角色扮演，与参与者互动	两个工作员做赞美技巧的正反示范；邀请参与者赞美旁边的人，邀请参加者说出赞美及被赞美的感受	为营造气氛，工作员也需要走进参与者中间，赞美参加者的积极参与等，对参加者起正面示范作用
17:15～17:30	发放小纪念品	讲座结束，发放赞美卡和技巧小贴士	
17:30～17:45	评估与宣传	填写问卷；宣传中心与社工合影	

7. 活动所需物资及数量

表2.28 活动所需物资与数量

物 资	数 量
活动横幅	1条
激光笔	1支
手工制作赞美卡	50张
电脑、音响、麦克等	由举办公司提供
测试问卷、赞美技巧小贴士、评估表、中心宣传单等	各50份
活动奖品	50份

8. 活动的困难及解决方法

■困难：互动环节参与度低。主讲者与协助社工应主动走进人群，让参加者感受被赞美、被感谢的快乐。

■解决方法：在场地安排方面与企业协调不够充分，音响光源等设备不确定。应在讲座开始前双方进行协调，提前去场地布置。

2.14.2 活动推行情况

“快乐工作·幸福生活——积极心理学快乐秘籍”运用“感谢与赞美”快乐招式，通过讲解、小测试、视频赏析、互动、角色扮演等多种形式，为30余名企业年轻员工传授快乐信息及赞美技巧。

2.14.3 活动总结

1. 目标达成度

（1）基本达成宣传积极心理学理念目标，绝大部分参与者表现得很开心。

（2）1/3的参与者认为讲座让自己意识到了感谢与赞美在职场和生活中的重要性。

（3）参与者学会了赞美技巧，评估显示，有90%的参与者表示会将学到的技巧用于今后的生活。

表2.29　讲座调查

调查项目	极不符合（1分）	不太符合（2分）	一般（3分）	比较符合（4分）	非常符合（5分）	平均分
我喜欢这次讲座活动	0	0	4	4	16	4.5
我在本次讲座中学到快乐方法	0	0	4	10	10	4.3
参加这次讲座让我认识到了快乐的意义	0	0	5	6	13	4.3
我会将今天学到的知识运用于生活	0	0	2	7	15	4.6
我喜欢主持人的讲课形式	0	0	6	4	14	4.3
安排的场地让我感到舒适	0	0	9	7	8	4.0

2. 参与情况

参与度比第一场更高。在互动环节，有1/2的参加者发表过意见；而在播放视频时，大家的注意力都很集中。在赞美别人环节，几乎人人都参与其中；即使在分享环节，也有几名参与者主动分享赞美与被赞美的感受，气氛良好。

3. 实践度/可持续度

●实践度

评估显示，参与者在“学到快乐方法”、“认识快乐的意义”以及“把知识运用到生活中”的评分，均在4.3至4.6之间（满分为5），这表明活动的实践度非常高。而正向心理学在企业的运用过程，需要注意以下几个方面。

■针对不同层次的对象决定讲解理论的深度和广度。如本场的参与者主要是年龄偏小的年轻员工，文化层次相对低一些，需用生动的故事及图片让参与者明白理论。

■香港、台湾地区常用“正向心理学”，内地通常用的“积极心理学”，因此，在开展讲座的时候涉及此理论时通常使用“积极心理学”这个名词。

■技巧训练切忌枯燥地讲解，应给参与者较多实践和训练机会，如遇参与者害羞，工作人员需更多地主动与其互动，本场的亮点在于督导带领主讲者和协助社工走进人群，赞美参与者，营造了很好的气氛。

●可持续度

在该企业的活动暂时只此一次，难以观察此讲座的可持续度。不过在讲座结时，每个参与者均获得了感谢卡和赞美小贴士，以鼓励参与者此后自己去感受、训练有关知识、技巧。

2.14.4 督导点评

1. 深化内容

在吸取上次讲座经验的基础上，此次讲座的内容更加深化。为了让参与者更易掌握所传递的信息，负责社工重新整理内容，自创了“两个原则七个技巧”，更有效地把有关知识传达给了参与者。

2. 善用个人经验

在此次活动中，社工更多地分享了自己的经验，即情绪低落时是如何面对的，与年轻的员工们产生了共鸣。

3. 鼓励感受表达

此次讲座，除了理论认识和技巧运用外，还鼓励参与者去赞美别人，同时也感受别人的赞美，并让社工鼓励参与者说出被赞美的感受。有参与者说："我从来没有感受过被赞美。"可见，只有在一个被尊重的环境和温暖的气氛中，参与者才可能勇于表达感受，也更能领会快乐信息。

4. 精益求精

本着力求改善的精神，对上次讲座的不足之处加以改进，是这次讲座如此成功的根本原因，例如，为了增加参与者感兴趣的例子，负责社工与其同事走进社区，在企业附近访谈年轻员工并拍成视频。尽管因音响效果不好，播放被迫中断，但其内容确实贴近了参与者的生活。把积极心态内化为自身的精神追求，是社工精益求精态度的具体体现。

连续两次成功实践证明，通过讲座推广正向心理学理念的方式，在企业是可以复制的。为此，社工服务中心正计划将这一方式推广到社区内的其他企业，而且还鼓励其他同工运用其他6种快乐招式，丰富服务内容并向企业推广。

2.15 领域：社区

负责社工：王刚、欧呈洲、李莹莹、罗丹、安宁、于青山、吴凯、李立志、罗凯

香港督导：陈艳芳

2.15.1 活动计划内容

1. 活动名称

快乐你我·完美人生。

2. 活动举行日期

2011年10月15日。

3. 活动目的

倡导“全人乐·乐传人——快乐七式”的生活理念，宣传社工专业服务。

4. 活动目标及流程

（1）通过系列活动，让每个参与的居民感到轻松快乐。

（2）通过居民的相互协作，增强交流和了解，以建设和谐社区、幸福街道。

（3）扩大社工服务宣传，让更多居民了解社工，更好地接受社工服务。

5. 活动运用的快乐招式

感谢与赞美、健康乐悠悠、敬业乐业、嘉言善意、为善最乐、常怀宽厚、天伦情话。

6. 活动内容/细节/快乐招式/注意事项

●活动内容、细节与快乐招式

表2.30　活动内容、细节与快乐招式

项目	内容及细节	快乐招式	负责人员
统筹	场地布置；物资搬运	—	中心全体社工及义工
	兑奖，公用物资管理	—	义工3名
	全场协调	—	社工2名
	照相	—	义工3名

续表2.30

项目	内容及细节	快乐招式	负责人员
感恩墙	鼓励居民在便签贴上写出最想感恩与赞美的人、事及赞美语言，贴在感恩墙上，并充满感情地读出来	感谢与赞美	社工2名、义工3名
跳方格	在每个方格内设置积分1～8，背对着方格将沙包扔到方格里面，每人有3次机会，以运动快乐为目标	健康乐悠悠	社工2名、义工3名
职业乐趣大发现	体验游戏：拼字（上、下）； 职业乐趣大发现：社工准备好大约10个常见职业，居民可以在乐趣栏填写自己所认为的从事该职业的乐趣； 集乐箱：对于上面没有提到的职业，居民可以写下其乐趣并放进箱里	敬业乐业	社工2名、义工3名
优点卡	取不少于10张贴纸贴在彩色纸上，鼓励居民在贴纸上写上自身的优点，并尽量鼓励居民多写；让居民拿着优点卡以喷绘为背景照相，以备展示	嘉言善意	社工2名、义工3名
按摩1分钟	工作员先为前几名参加者按摩1分钟，鼓励引导不熟识的居民之间相互肩部按摩1分钟	为善最乐	社工2名、义工3名
钉钉子游戏	钉子代表心情不好或者发泄，拔出钉子代表心情恢复平静，但板上会出现生气时钉子留下的小洞，代表着不可磨灭的记忆	常怀宽厚	社工2名、义工3名
游戏表情传递	以家庭为单位，用肢体和表情来表达一个成语给对方，要求正确表达意思。这个游戏主要考察家庭成员之间的默契和配合。为参加者发放亲子关系模型，为居民介绍并讲解	天伦情话	社工2名、义工3名

●注意事项

两名社工督导助理负责活动统筹，义工主要负责现场活动宣传及单张派发；每项的第一人为负责人，其他人员有不懂的地方可以向其咨询；招商同工上午7点30分到场，新安西乡同工8点30分到场。

7. 活动所需物资及数量

笑脸徽章300个、印章7个、游戏卡200张、脚丫贴10张、海报7张、横幅2条、易拉宝4个、彩旗20支、彩色荧光笔1盒、活动礼品200份、桌椅20套等。

8. 困难及解决方法

（1）因天气恶劣延迟或更换室内场地。

（2）参与人员少，故组织社工、义工全部去场地外面邀请及解说，鼓励居民参与。

2.15.2 活动推行情况

本次活动是由招商街道社工站联合深圳日月社会工作服务社、四海社区工作站、花园城中心，在蛇口沃尔玛开展的公益活动。活动现场设有正向心理学“快乐七式”共7个主题摊位，以便居民通过各个摊位游戏，体验不同的快乐方式，从而倡导居民将自己快乐的情绪传播出去，令更多的人感受生活的乐趣。

2.15.3 活动总结

1. 目标达成度

通过系列活动，让每个参与的居民都能感受到轻松快乐，学到使自己快乐的方式，并通过一些环节让居民交流、协调，以更多了解社工及其活动。这些目标已完全实现。

2. 参与情况

参与者不仅都能很开心地完成“快乐七式”活动，而且也都认为活动很有意义，让他们学到了更多的快乐方式。每个社工都积极负责，认真做好工作，能很好地组织义工参与活动的组织工作，方便了社工更好地去和居民交流，从而摆正了社工角色并有望在以后的活动中更加凸显。

3. 实践度/可持续度

这次活动，受到了居民的广泛欢迎，并希望社工多举办类似活动。社工将按照既定计划，在招商街道全辖区内巡回开展此类活动，并不断改进活动内容及方式。

2.15.4 督导点评

在培训及计划推广活动期间，社工均能认真学习并参与，而且还有部分社工能把积极和正面观念内化，在专业工作和个人生活中体现出来。在使命感和良好心愿的驱动下，为了在招商社区推广正向心理“快乐七式”，社工们不停地修改和完善活动计划及筹备工作，同时还积极协助新安社区推行同类活动，并从中汲取经验。参与活动的居民，大多都感受到了轻松快乐，这在合家欢照、相互按摩环节表现得更为明显。而以巡回方式，将活动广泛推广于每个社区，力求使身心健康的快乐理念及方式传播到社区的每一个家庭，使每一个家庭实现积极人生目标，是活动的下一个主题。

2.16 领域：社区

负责社工：高倩

香港督导：梁燕凤

2.16.1 活动计划内容

1. 活动名称

温情家书迎中秋。

2. 活动举行日期

2011年9月9日。

3. 活动目的

通过小游戏学习“快乐七式”中的天伦情话、嘉言善意、敬业乐业等快乐招式，帮助参与者学习表达自己对家人的思念和关怀。

4. 活动目标及流程

通过在工业区开展“一封家书活动”，帮助来深建设者在中秋之际向家人问好，寄托自己对家乡亲人的思念，宣传用嘉言善意招式来表达对家人的爱和问候。

5. 活动理念与理论及运用

●理念与理论

地处红花岭的桃源社区，集中生活着大量外来务工青年工人（下文简称“青工”）。在中秋佳节来临之际，青工们思乡之情尤切。借助写家书，引导青工表达对家人的祝福，是这一活动的主题。而通过玩小游戏，与大家一起体验“快乐七式”中的天伦情话、嘉言善意、敬业乐业等招式，帮助青工用更好的方法表达自己对家人的思念和关怀，则是这一活动的表现形式。

●快乐招式

天伦情话——“一封家书传真情，天伦情话暖人心之将爱投篮”。让青工通过家书，写出对家人的思念和祝福，并引导青工关怀家人。“将爱投篮”游戏主要讲解与家人相处时应注意的五大要素。通过引导和训练，使青工加强与家人的联系，是这一游戏的基本目的。

嘉言善意——“爱家人，爱生活”。游戏中列举了很多赞扬、关心家人的方式，以显示嘉言善意。

敬业乐业——“爱工作，爱生活”。游戏中列举了正确对待工作、不正确对待工作的实例，让大家在一封家书中加以区分，以宣扬敬业乐业精神。

6. 活动内容/细节/注意事项

●小型游园活动

以“一封家书传真情”为主题，配合“爱工作、爱生活”、“将爱投篮”两个小游戏，组成一个小型游园活动。

●温馨家书摊位

制作一封家书贺卡200份，以使青工们在上面写上家书，并为其将家书邮寄回家。帮助青工进入书写家书状态，让其写上对家人的思念和祝福。现场可以设置海报一张，在上面写满祝福的话，供参与者参考。一封家书可获得印章1枚。

● “爱工作，爱生活”

用A4纸裁剪成宽度10厘米的长形纸条。准备10条写有正确的“爱工作，爱生活”做法的纸条、10条不正确的对待工作和生活的做法的纸条。将纸条打乱，请参与者分出正确或不正确的做法。能够在1分钟之内完全正确区分的参与者，可得到印章1枚。

● “将爱投篮”

准备5个塑料桶，在桶上分别写上“关心”、“互助”、“宽容”、“尊重”、“理解”。每人手持5个乒乓球，将5个球分别投入到5个桶内，投中3个即为获胜。

7. 活动所需物资及数量

（1）场地布置：音响设备1套、话筒4支、条形桌3张、椅子10把、横幅1条、饮用水1箱、小礼品200件。

（2）游戏一：明信片200张、书写笔50支、温馨海报1张、印章1个、印章券50张。

（3）游戏二：“爱工作，爱生活”纸条两组、印章1枚、印章券50张。

（4）游戏三：废纸篓5个、乒乓球15个、印章1枚、印章券50张。

8. 活动的困难及解决方法

活动计划、器材购买、人员分工基本到位。

困难：活动中桌椅数量不够，浪费在音响方面的时间过多。

解决方法：向管理处借用桌椅，活动桌子的数量应该增加，除了游戏用桌外，还应设置社工宣传台、咨询台，礼品兑换也应该有桌子；准备适合场地的大型音响设备播放一些暖场音乐，以调动气氛，采用“小蜜蜂”设备弥补了音效的不足。

2.16.2 活动推行情况

平山、大学城、长源社区于9月9日在红花岭工业区开展了以“温情家书迎中秋”为主题的中秋活动。预计200人参加，实际参加人员为70人。

“一封家书”活动，由原计划的书写信件、派发信封、邮件的形式改为派发明信片。这种形式能够减轻工作人员准备工作的负担，青工填写起来也比较方便。在旁边摆放一些示范明信片将有利于激发大家的灵感。活动的主要目的是通过书写明信片的形式，向青工传播关爱家人的信念；通过与青工一起填写书信，引导他们认识中秋佳节问候家人的必要。活动共回收有效填写的明信片47张，全部通过邮局寄出。

二号摊位“爱工作，爱家人”游戏，则是限时参与者在一封家书内区分出10条正确的做法和10条不正确的做法，以提高青工对关爱家人问题的认识。通过社工在这一环节中的解释，青工一般都能很快投入游戏，并区分出正确或错误的做法。由于游戏针对成年青工设计，但活动现场却有儿童参与，因而社工在现场又针对儿童设计了一组鉴别条，以鼓励儿童参与到游戏中去。

三号摊位的游戏是“将爱投篮”，由于该游戏简单、易操作，青工们普遍比较喜欢，因而大家在摊位前排起长队。他们只要看过前面的人示范，就能自己操作。而工作人员则为他们捡球，并解释桶上所写的概念，以帮助他们理解与家人相处时的关心、互助、宽容、尊重和理解5个要素。

2.16.3 活动总结

1. 目标达成度

宣传关爱家人的理念，是本活动的根本目的。通过开展“温馨家书填写”、“爱生活、爱工作”游戏、“将爱投篮”游戏，吸引了70多名青工参与“一封家书”活动，不仅向他们传播了珍惜家人的理念，而且引导他们通过“将爱投篮”，表达了自己对家乡亲人的思念。

2. 参与情况

游戏参与者比较集中出现的时间在下午5:30～6:30，这个时段人流量相对较大，现场气氛也比较热烈。这是因为青工工作时间为三班倒，下午5时之后吃饭，晚上7时上班，时间安排相对紧凑。而事先与工厂沟通并展开广泛宣传，是解决这个问题的关键。由于该活动无需花费时间事先了解，因而在现场布置上多下工夫以吸引过往者逗留，比如增加中秋灯笼、摆放摊位等，就不失为提高参与度的好办法。

在该活动中，游戏得到了大家广泛参与，特别是“将爱投篮”游戏获得了青工们的广泛欢迎和积极参与。因为这个游戏简单、有趣，不仅一看就明白，而且能吸引青工。而该游戏的难点在于工作人员对同家人相处5个要素的讲解，讲解才是提醒参与者注意的关键。其次，“一封家书”活动也很引人注目。这是因为这个游戏比较实用，而且能借助这一机会表达对家人的思念，所以青工都非常珍惜，书写也很认真。甚至有个别青工把信寄给自己，希望能记住这个日子，让自己写的话激励自己热爱生活和工作。“爱工作，爱家人”游戏，则向大家宣传了如何爱护家人、珍爱工作，平衡工作与家庭之间的关系。

3. 实践度/可持续度

活动向大家简单地介绍了“快乐七式”中的天伦情话、嘉言善意、敬业乐业等招式，仅仅给大家留下了一个简单的印象，基本没有深入，原因是这只是一次宣传活动。尽管相信他们对活动内容已有所体会，但要想知道他们是否会将这3种招式运用到日常生活中，则是难以检测的事情。

2.16.4 督导点评

平山青工的“一封家书”活动，于工业区内的宿舍楼下广场进行。这里是青工下午下班回宿舍的必经之地。顺道望望、看看，然后被吸引参与活动，是这一安排的目的。传播“一封家书”这个概念，旨在帮助远离家乡和亲人的青工，为其家人送上祝福，以缓解思乡之情。活动紧扣正向心理学“快乐七式”中有关嘉言善意、天伦情话、敬业乐业的内容和方法，寄望于社区内的青工爱工作、爱家人，同时学会表达感情。这只是一场小型社区宣教活动，社工碍于人手不够，因而摊位设置也不多，但其重点仍算突出。由于这是单次活动，难以评估其实践度，若社工能在此基础上持续宣教和跟进，相信能取得持续效果。

2.17 领域：社区

负责社工：厉运飞，罗海燕

香港督导：梁燕凤

2.17.1 活动计划内容

1. 活动名称

“爱自己，爱家人”——2011年桃源街道中秋游园活动。

2. 活动举行日期

2011年9月8日。

3. 活动目的

让社区居民在玩游戏的过程中感受快乐并学习快乐方法，增进家庭成员间的亲密感和邻里间的友好和睦，在社区营造浓厚的节日氛围。

4. 活动目标及流程

●目标

■让社区居民学习健康乐悠悠、感谢与赞美、嘉言善意、天伦情话等快乐方法；

■增进家庭成员间的亲密感和邻里间的友好和睦；

■在社区营造浓厚的节日氛围，庆祝中华民族的传统节日。

●流程

表2.31 流程

时间	内 容	所需物资、设备
2:30～2:40	工作人员（社工和义工）开会，明确活动现场分工、摊位负责人及领取活动道具	游戏道具、分工表
2:40～4:00	布置活动现场：悬挂横幅、准备桌椅和道具	桌子、椅子、游戏道具等
2:40～6:00	咨询台发放活动宣传单、社区教育宣传单、社工宣传单、龙联社区服务中心宣传单	桌子、椅子、红绸布、宣传单
4:00～6:00	主持人宣布活动开始；邀请居民参加各摊位游戏，发放奖品	音响设备
6:00～6:30	活动结束，回收活动道具，清理活动现场	

5. 活动理念与理论及快乐招式

●理念与理论

正向心理学主要以研究个人品格长处、建立正面情绪和品格及建立正面社会环境和机制为重点。建立正面人生是正向心理学的基本目标。“快乐七式”以正向心理学为理论基础，目的是通过7种方法发掘个人品格长处，发展良好人际关系，平衡生活，建构愉快、美好及意义人生。这些快乐方式可以通过游园活动（特别是活动中的游戏）加以体现。

中秋节是中华民族重要的传统节日之一。每逢中秋节，社区居民总要通过各种各样的方式来庆祝，借此机会开展“快乐七式”游园活动，显然能得到社区居民的广泛参与，收到良好宣教效果。依据“快乐七式”而设计的趣味运动兼具趣味性和运动性，能够使参与者感受到许多乐趣，促进参与者身心健康发展，并很容易学会快乐方式。除趣味性和运动性外，每项趣味运动还具有一定的目的性，比如“爱，请大声说出来”，它能够引导社区居民表达对家人、爱人、朋友等的感情，增进家庭成员间的亲密感和邻里间的友好和睦等。

●快乐招式

健康乐悠悠、感谢与赞美、嘉言善意、天伦情话。

6. 活动内容/细节/注意事项

●心理咨询与宣传

设立咨询台，咨询内容如下：

■“爱自己，爱家人”欢度中秋佳节宣传单发放，派发本次游园活动宣传单，引导居民参加游园活动；

■心理测试与分析：居民填写心理健康测试问卷，社工根据测试结果作专业分析，并给予鼓励或建议；

■社区教育宣传、社工宣传、龙联社区服务中心宣传：派发社区教育、社工、龙联社区服务中心宣传单，现场解疑答惑，临时辅导，招募义工等；

■游戏中注意安全，发现问题必须及时处理、汇报；

■游戏设置兑奖券，居民参加游戏获得兑奖券后，可以到兑奖处兑换奖品，奖品设置3个等级，3张兑奖券兑换一等奖。

●注意事项

■游戏中应注意安全，发现问题必须及时处理、汇报。

游戏设置兑奖券，居民参加游戏获得兑奖券后，可以到兑奖处兑换奖品，奖品设置3个等级，3张兑奖券兑换一等奖，2张兑奖券兑换二等奖，1张兑奖券兑换三等奖。

●活动细节

"爱，请大声说出来"

道具：桌子1张、椅子2把、白板墙1张、白板笔2支、自粘便条纸5包、黑色水笔1盒、气球50支、打气筒1个、兑奖券100张。

内容：在白板上平分4个区域A，B，C，D，分别用红、黄、绿、蓝4色便条纸写有关A，B，C，D的内容，并分别贴在4个区域。A为想对家人说，B为想对朋友说，C为想对爱人说，D为想对……（大自然、困难/陌生人）说。邀请居民把自己想对家人、朋友等说的话（如爱、感激、赞美、祝福等的话）写在便条纸上，并贴到白板墙相应区域。如果参与人员较少，可由工作人员事先写好一些作为示范。每位参加者可以写多张，但只可获得兑奖券1张。

“幸福彼岸”（走迷宫）

道具：兑奖券100张、雪糕桶8个、警戒线1条、轮滑桩20个、眼罩3个。

内容：用雪糕桶和警戒线围一个长10米、宽2米的长方形空地，放置若干轮滑桩作为“地雷”，一端为起点，另一端则为终点。参加者以家庭为单位，2～3人为一组，穿越雷区时必须蒙上眼睛，通过家人的语言指引，规避“地雷”到达终点。

规则：一旦碰到“地雷”，就必须从头再来，参加游戏的家庭，必须所有成员都从起点到达终点才算完成任务；游戏过程中，工作人员将不断移动轮滑桩；完成任务者将获得与参加人数相等数量的兑奖券。

“一鸣惊人”（吹蜡烛）

道具：兑奖券80张、桌子1张、蜡烛5根、打火机1个、粉笔1支、扑克牌4张、秒表1个。

内容：在桌子上点燃5根蜡烛，在一定距离前画一个“八”字，参加者需两脚按“八”字的距离张开，从工作人员手中任意抽取1张牌（共有4张牌，分别写上“亲”、“朋”、“好”、“友”4个字），然后用抽中的字来组成5个以上的词，通过词语的发音来吹灭蜡烛，20秒内吹灭所有蜡烛可得兑奖券1张。

“夫妻双双把家还”

道具：兑奖券80张、气球50个（吹好）、哨子1个。

内容：5组夫妻选手为一轮，手手相连，背背相对，齐心协力把夹在背上的气球从起点运到终点，用时最少者获胜；中途气球掉了、破了需回到起点重新开始；获胜家庭获得兑奖券2张，其他参与家庭获得兑奖券1张。

“企鹅家族”

道具：兑奖券80张、报纸200张、大透明胶3卷、圆头剪刀3把、哨子1个。

内容：爸爸、妈妈和孩子3人一组，3组一轮。比赛开始后，组员在报纸上撕开3个洞，套在3人脖子上，一起从起点跑到终点，再原路返回，先到达的一组获胜；获胜家庭获得兑奖券2张，其他参与家庭获得兑奖券1张；若中途出现报纸撕掉的情况，需要一个人回起点取材料回来补上破痕，补完后，归还物品，继续前进；若一轮全部是4个人，游戏亦可进行；如果此轮中，有3个人也有4个人，只要参加者愿意，认为公平，游戏亦可进行。

灯谜

道具：兑奖券100张、桌子1张、谜语100个、铁丝50米、双面胶5卷。

内容：设置灯谜区，准备100个与中秋节相关的谜语（若不够，其他也行），猜出1个即获得兑奖券1张。

"后羿射月"——射月饼

道具：兑奖券80张、磁铁式飞镖1套、绳子1条。

内容：将飞镖盘挂在树上，在飞镖的镖心贴上月饼的图形，参加者必须站在规定的距离外（这需要工作人员根据实际操作设定，既要合理又要稍带难度），射中月饼即得兑奖券1张。

"搭'健康桥'过河"

道具：兑奖券80张、地垫8张、油性笔2支、哨子1只、雪糕桶8个、警戒线1条。

内容：3个人一组，每两组一轮；每组4个地垫，地垫上事先用油性笔分别写上"身体协调，睡眠良好"、"抵抗力好，体重适当"、"眼睛明亮，牙齿洁白"、"头发光亮，肌肤光泽"。赛道两条，每条15米，组员用地垫从起点到达对岸，地垫放到地上一次就大声朗读一次上面的文字。人必须站在板上不能掉落河中，若掉入河中，则需要从头开始，最先完成的组获胜并每人获得兑奖券1张。

7. 活动所需物资及数量

表2.32　活动所需物资及数量

序号	项目名称	数量	序号	项目名称	数量
1	活动舞台背景	1块	9	药品	1套
2	水	3箱	10	游戏道具	8份
3	心理健康测试问卷	200份	11	游园奖品	500份
4	社工宣传单	200份	12	兑奖券	700份
5	社区教育宣传单	200份	13	餐费	40份
6	活动宣传海报	20张	14	桌子	12张
7	活动宣传页	200份	15	音响	1套
8	游戏规则展板	8块			

8. 活动的困难及解决方法

困难：活动当天下雨。解决办法：天晴后及时清理现场，继续开展活动或者将活动推迟到周六或周日。

2.17.2 活动推行情况

本次游园活动运用“快乐七式”中的“健康乐悠悠”、“感谢与赞美”、“嘉言善意”、“天伦情话”等招式为社区居民精心设计了丰富多彩的游戏，包括“爱，请大声说出来”、“幸福彼岸”、“一鸣惊人”、“夫妻双双把家还”、“企鹅家族”、“猜灯谜”、“后羿射月”、“搭‘健康桥’过河”。社区居民开心地参加各种游戏，整个现场呈现出喜气洋洋的氛围。此外，活动现场还邀请专业社工为居民提供专业心理健康测试和分析，使参与者了解自己近期的心理健康状况。

本次活动不仅让社区居民在玩游戏的过程中感受到了快乐，在社区中营造了浓郁的节日氛围，而且还通过游戏增进了家庭成员间的亲密感和邻里间的友好和睦，展现了桃源人热爱生活、积极向上的精神面貌。

2.17.3 活动总结

1. 目标达成度

通过社区居民的活动参与度以及社工间的交流总结，我们达成了以下目标：让社区居民明白了快乐其实很简单，体验了“快乐七式”中的健康乐悠悠、感谢与赞美、嘉言善意、天伦情话，并借此增进了家庭成员间的亲密感和邻里间的友好和睦，在社区中营造了浓郁的节日氛围，庆祝了中华民族的传统节日。

2. 参与情况

社区居民积极地参与了本次活动，对各种游戏乐此不疲，这不仅使他们锻炼了身体、感受了快乐，而且还学到了“快乐七式”中的健康乐悠悠、感谢与赞美、嘉言善意、天伦情话等招式。社区居民将自己对家人、朋友的爱、感激、赞美与祝福表达出来，增进了家庭成员间的亲密感和邻里间的友好和睦，营造了浓郁的节日氛围。参加本次活动的人数比预计的少很多。主要原因是下雨延迟了活动时间，活动时间选在工作日（周五），海报张贴太迟、太少，宣传力度不够，等等。居民不知道本次活动，是参与者少的根本原因。

3. 实践度/可持续度

将“快乐七式”与中秋游园等活动有效地结合起来，不仅能得到社区居民的广泛认可，有效地传播了“快乐七式”，使其深入民心，具有很强的实践度，而且因为其可应用于任何活动，所以可持续性也很强。

2.17.4 督导点评

这是以“爱自己，爱家人”为主题的单次游园活动。由正向心理学“快乐七式”理念所主导设计摊位内容，在庆祝中秋节这个中国传统节日过程中突出家人相处需注意的事项，是其主要内容。而嘉言善意、感谢与赞美、天伦情话、健康乐悠悠等，则是实现目标的基本方法。可惜受下雨影响而延迟了活动，缩短了时间，但居民参与仍然较为踊跃。活动信息明确，部分游戏颇能体现游戏背后的意义，因而在居民心中留下了较为深刻的印象，同时也为参与者提供了一个家庭教育机会。虽然估计其持续性有限，但对于社区来说，相信是一个好的开始。

2.18 领域：社区

负责社工：罗艳娣、许宇军、黄锐明、蒋郭漳、曾燕娜、刘金玲、张杏芝（新安街道办），钟立、李东林、牟娜琴（西乡街道办），欧呈洲、王刚、罗丹、李莹莹、于青山、罗凯、吴凯、安宁（招商街道办），李娟、李万贤、刘溪、徐荣（深圳市日月社会工作服务社）

香港督导：林淦伟

2.18.1 活动计划内容

1. 活动名称

全人乐・乐传人——我的快乐人生。

2. 活动举行日期

2011年10月16日。

3. 活动目的

（1）推广正向心理学，宣传“快乐七式”具体内容，让现场居民认识及实践快乐招式。

（2）提供平台，让居民尝试通过书、写、画、听、说等方式去表达自己的各种情感及想法，分享幸福生活经验，理解并驱除快乐障碍。

（3）通过社区活动，增加居民间的正向互动，努力在社区推动建设愉快、美好和有意义人生。

4. 活动目标及流程

●目标

■派发4款宣传单张各不少于30份；

■每个摊位游戏不少于20位居民参与，每一摊位的留言栏至少有20位居民参与贴纸书写；

■“为善最乐”摊位有不少于25位居民参与积善箱环节，投入信封；

■“敬业乐业”摊位收集不少于15张画纸；

■全场有50位居民了解活动内容。

●流程

7:30～9:00　物资和场地准备；

9:00～9:10　介绍活动内容；

9:10～11:10　“快乐七式”摊位活动；

11:10～11:15　全体工作人员合影；

11:20～11:50　清理物资及场地；

11:50～14:00　社工和督导聚餐，分享活动开展情况。

5. 活动运用的快乐招式

本次活动运用了“快乐七式”的全部招式，包括感谢与赞美、健康乐悠悠、敬业乐业、嘉言善意、为善最乐、常怀宽厚及天伦情话。

6. 活动内容/细节/注意事项（见表2.33至表2.39）

（举行地点：新安区宝民花园）

●摊位一：感恩与赞美

表2.33 活动安排及注意事项

	具体内容、细节及注意事项
内容一	9:10～10:10 拼图游戏
	10:10～11:10 制作感恩赞美卡
内容二	9:10～11:10 “感恩赞美”表达台 ■ 感恩与赞美树——居民写出自己想感谢或赞美某人的话，也可写下表达感恩与赞美的方法或技巧，也可写出以前自己做过的感恩与赞美他人的事情或被别人感恩或赞美的事情； ■ 放置社区社工易拉宝、宣传单张（社区社工宣传单、“全人乐·乐传人”宣传单张、感恩与赞美单张各50份），同时可以跟居民进行沟通和咨询，如果有居民答应可继续跟进，简单记录姓名、地址及联系方式，日后进行个案跟进

●摊位二：健康乐悠悠

表2.34 活动安排及注意事项

	具 体 内 容
内容一	9:10～10:10 健康乐悠悠游戏 在地板上画上6～10个格子，每个格子上贴一个健康提示，参与者在2米外尝试把毽子掷到贴有健康提示的格子上；掷中后，告知大家格子里的内容即可
	10:10～11:10 心情气象站 ■ 气球压力体验，社工进行引导，让参与者体验压力就像吹气球一样，太大则会爆破，没有吹气则不会成一个球，压力也如此，需要适中； ■ 现场居民可把自己最近的心情书写或画到彩纸上，或者将自己最近的心情写在3种不同小脸的贴纸上，将贴纸放入心情箱内，由此抒发
内容二	9:10～11:10 健康咨询台 现场发放健康小贴士及宣传单张（社区社工宣传单、“全人乐·乐传人”宣传单张），居民也可写下或分享自己的健康秘籍，或向现场社工咨询，社工引导大家平日如何表达自己的情绪

●摊位三：敬业乐业

表2.35 活动安排及注意事项

内容一	9:10～10:10 齐眉棍 至少两个参与者合作，伸直两手中任何一根手指，放置眉眼水平，工作人员将齐眉棍放到参与者手指上，参与者要平稳地将棍子运至地上。过程中，手指不可弯曲，其他手指不可协助，棍子不可掉落
	10:10～11:10：画理想：我的志愿是…… 工作人员准备纸笔，参与者写出或画出自己以后想从事的职业，写出这个职业的乐趣
内容二	9:10～11:10：敬业乐业分享台 现场发放敬业乐业金句及宣传单张（社区社工宣传单、“全人乐·乐传人”宣传单张），居民可写下自己的职业，然后分享自己行业的快乐事，贴在KT板上

●摊位四：嘉言善意

表2.36 活动安排及注意事项

内容一	9:10～10:10 弹球 在地上放置6～10个盒子，摆成“品”字形，在每个盒子边上贴有一句正面的语句，如“我很棒”、“我很好”，活动参与者在1米外弹乒乓球，球弹入盒子时即胜利（弹的时候参与者可喊出自己希望弹入的盒子）
	10:10～11:10 赞扬台 参与者与家人或朋友一起参加，告知工作人员自己最想听到对方跟自己说但对方未说的话，工作人员给予提示，进行嘉言善意的转换
内容二	9:10～11:10 嘉言善意栏 “谁知道答案”图片展——居民可写出自己认为平常最应该讲的好语言或表达嘉言善意的方法贴至KT板

●摊位五：为善最乐

表2.37 活动安排及注意事项

内容一	9:10～10:10 为善最乐 工作人员先把罐子贴好为善最乐金句，现场参与者最少垒积6个罐子，垒积的时候，要读出瓶子上的语句，然后绕障碍物走一段路，罐子不倒即可
	10:10～11:10 积善箱 参与者将自己想做的一件或以上的善事写在工作人员准备好的纸条上，可留下姓名及日期，然后装入信封，投入积善箱；提供一个平台让参与者给自己一个承诺或写给自己一封信，我们会为参与者保密，同时给参与者发放宣传单张及为善最乐金句

●摊位六：常怀宽厚

表2.38 活动安排及注意事项

内容一	9:10～10:10 忘忧台 工作人员提前准备好几十份A4废纸（一面没有打印的），引导居民参与。参与者可将自己的不愉快情绪或对他人的不满写在废纸上，折成飞机自己带走；或揉成一团废纸扔到已准备好的纸箱中，忘却仇恨或烦恼，居民也可选择将不满或情绪写在已吹起的气球上，然后将气球打破
	10:10～11:10 宣传咨询台 情绪疏导及发放宣传单张，同时引导居民写下让自己心怀宽厚的方法或名言与大家分享

●摊位七：天伦情话

表2.39 活动安排及注意事项

内容一	9:10～10:10 游戏——穿越“地雷” 以家庭为小组，内部协商好选出一个穿越者，其他为引导者；穿越者必须蒙着眼睛，引导者本着认真负责、安全第一的原则负责将穿越者安全引导穿越障碍物，过程中不可有身体接触，只能语言沟通
	10:10～11:10 加多一些了解 最少两人参加，参与者听工作人员的问题，如“妈妈的生日”等，参与者在卡片纸上写下答案，最后相互对照，以增加了解；参与者可带走已写的卡片纸，作为纪念
内容二	9:10～11:10 亲情咨询台 居民可现场制作亲情卡送给自己的家人，同时可在贴纸上写下促进亲子关系的方法，贴在KT板上与他人分享；现场社工进行亲子关系咨询，可简单记录情况，如对方愿意继续跟进，留下联系方式，日后可作为个案跟进

7. 活动所需物资及数量

表2.40 活动所需物资及数量

所需物资	数量	备注
圆珠笔	70支	之前活动剩余有21支
卡纸	50张	
社区社工宣传单张	350份	
感恩与赞美宣传单张	50份	
健康乐悠悠宣传单张	50份	
全人乐·乐传人宣传单张	250份	
拼图	2张	已有一张社工拼图

续表2.40

所需物资	数　量	备　注
快乐星二合一线圈本	64本	
铅笔芯	120小盒	
荧光笔	60根	
铅笔	40根	
双叶橡皮擦	120个	暑期活动剩余60个
网袋	20个	
真彩彩笔	8盒	暑期活动剩余物资
汽水罐子	15个	之前活动剩余物资
信封	100个	街道已有
废旧A4纸张	100张	
天伦情话问题条	30条	
横幅	1条	借用西乡社工物资

8. 活动困难及解决方法

表2.41　活动的困难及解决方法

困　难	解决方法
近一周天气不稳定，不知是否会下雨	提前看天气预报，根据社工们的商定，活动从14日推迟至天气稍稳定的16日上午进行
其他5位社工在社会事务科低保、福抚等领域都有较多行政工作要处理，较难召集齐全部人开会商讨；9月底统筹又调假外出办事，统筹交接工作未做到位，活动前期准备时间很紧	尽量利用剩余时间安排好活动内容，手头行政工作量少一些的同工多做一些，先确保活动顺利开展，活动后进行反省及改正

续表2.41

困　难	解决方法
由于活动经费有限，活动内容涉及的小纪念品及物资开销要在经费范围内	每个摊位在设计具体内容时就考虑到经费有限，积极利用小区、科室及小组之前留下的物资；另外，到文具批发市场购买稍便宜一些的物资
7个摊位同时进行，需要工作人员较多，因活动推迟，招募义工来不及	前期准备做好，邀请机构其他领域同工于活动当日过来协助，还促进了相互间的交流

2.18.2 活动推行情况

10月16日，在香港督导们的大力支持及推动下，深圳市日月社会工作服务社新安街道社区社工小组在宝民社区开展了“全人乐·乐传人——我的快乐人生”正向心理学推广活动，近百名社区居民参与到现场活动中，一起体验及分享快乐生活。此次活动分为7个摊位进行，除了发放宣传单张、现场咨询，社工们还尝试通过书、写、画、听、说等轻松快乐的方法宣传正向心理学理念和“快乐七式”具体内容，让参与居民认识及实践快乐招式，一起分享快乐生活经历，理解及驱除快乐障碍，尝试建构愉快、美好及意义人生。活动得到居民的积极参与及认可。

2.18.3 活动总结

1. 目标达成度

目标基本达成。每一摊位的留言栏至少有20位居民参与贴纸书写。招募两位义工，有5个参与暑期活动的社区小朋友带领家长一起参与活动。“为善最乐”摊位有37位居民参与积善箱环节，投入信封。“敬业乐业”摊位收获17张画纸。有超过50位居民了解活动内容。全场通过音响循环播放有关快乐、感恩类别的歌曲。除了感恩与赞美摊位，其他6个摊位派发的4类宣传单张不足30份。另外，天伦情话摊位穿越“地雷”游戏及健康乐悠悠心情气象台内容参与人数不到20位，摊位负责人根据现场情况临时进行了活动内容调整。

2.参与情况

现场居民总体上能积极地参与活动，但基于文化影响，居民主动表达少了一些。从社工此前已在社区进行过的多次活动来看，在社工引导下，居民还是会积极用书写、画及听的方式参与到活动中；不会写字的居民，也会说出来让现场社工代写。

3. 实践度/可持续度

整个活动内容比较丰富，可适当做一些删减，在不同社区开展相似的活动。社工已于10月25日在职康中心生日会中尝试加入正向心理学内容，预计11月在灵芝公园开展第二次“全人乐·乐传人——我的快乐人生”活动。

2.18.4 督导点评

正向心理学对社工来说是一个新的概念，在构思及活动内容上还存在一定困难。经钻研、讨论，大家决定先从居民入手，了解居民需要及喜爱的活动形式。故暑假期间在宝民花园社区工作站开展了一系列暑期活动，除提供服务外，还与居民接触。居民中以长者、妇女及小朋友为主，了解到他们很喜欢一些游戏形式的活动，故选择了嘉年华会形式。

该活动除了获得居民赞许外，亦得到了机构领导的鼓励和支持。社工的工作成果，被出席活动的机构领导所肯定。

督导十分欣赏各社工能在繁重的行政工作中，抽空举办此类较大型活动，虽然大家对于正向心理学的了解有限，但却勇于尝试、不断探索。除此活动之外，还在不同活动中导入正向心理学元素，包括社康中心每月生日会，同时还在区内两个不同地点进行了两次同类型活动。

训练编

3.1 引言

3.1.1 正向心理学的发展

Martin Seligman于1998年出任美国心理学会会长，在就职演说中，他明确提出了发展正向心理学（positive psychology）的重要性。他在回顾心理学发展史时指出，第二次世界大战前，心理学界有3个重要使命：医治精神病，提升生命质素及鉴别栽培资优人士。1947年，美国成立了国家精神健康组织（National Institute of Mental Health），心理学家从组织中得到研究经费进行精神病研究。迄今为止，已成功研究不少于14种精神病的成因及治疗，但其他两项使命却未能同步发展。Myers(2000)的研究发现，过去一个世纪的心理学文献中，大约有13.7万份是研究愤怒、焦虑及忧郁情绪的，只有9500份是研究正面情绪的。正向心理学的发展正是要平衡这种偏重问题的研究倾向。Martin Seligman呼吁心理学界突破过往侧重于疾病与痛苦的研究传统，更深入地探讨正向情绪、个人长处与美德等层面，帮助人们追求真实的快乐。

该演说发表之后，Martin Seligman在宾州大学（University of Pennsylvania）成立正向心理或积极心理研究中心（Positive

Psychology Center），开展相关研究，同时他亦邀请其他学者一同建立正向心理学理念及资料系统。在他的倡导下，正向心理学论坛每年定期于美国首都华盛顿举行，其他美国著名大学的学者亦相继于会上发表相关研究成果。而哈佛大学所开设正向心理学课程，则更是成为全校最受欢迎的课程之一。

正向心理学现时仍未发展成为一门独立学科，在现阶段只被命名为“运动”，参与相关研究的学者仍未能把不同的理念整合成一个完整的理论构架。从现阶段的发展来看，正向心理学的概念和理论以研究个人品格长处、建立正面情绪和品格及建立正面社会环境及机制为重点，并以建立正面人生为目标。正面人生研究则被分作三个层次展开。

1. 愉快人生（pleasant life）

争取愉快的生活经验，维持正面情绪。

2. 美好人生（good life）

投入各种生活环节，包括亲友的交往、工作、爱情及休闲活动等，善用自己的长处去寻求丰富的人生。

3. 意义人生（meaningful life）

发挥自己所长及品格长处，为有利于人类社会的目标、理想努力奋斗。

快乐情绪普查发现，超过一半人形容自己的生活颇为愉快，超过八成的人认为自己的快乐经验多于不快乐经验，正向心理学便是要找出使人快乐或处于巅峰状态（optimal condition）的因素。而研究人如何达致超越境界，从自我满足发展至追寻人生意义及使命，以运用个人品格长处攀登生命高峰，则是正向心理学研究的着力点。

3.1.2 品格长处的发掘及应用

品格长处与“才干”及“能力”是有所区别的。一方面，才干与能力多是与生俱来的，如完全音准、智能、竞技才能等，而品格长处相对较容易从后天的努力中培养；另一方面，才干与能力的重要性往往在于它带来的成就，而并非本身的价值。因此，才干与能力不能得到适当运用及发挥，对拥有者未必是好事。

Martin Seligman在与一群学者研究后，于1999年草拟了一份有关品格长处的类别汇编，提出古今中外不同文化共同推崇的24种品格长处。其基本特质包括：

■品格长处可以存在于不同文化背景及历史时空；

■品格长处可实现各种愿望，令人过着美好生活；

■品格长处即使不能带来明显的裨益，也有其自身的道德价值；

■展示个人品格长处并不会贬低身边人的重要性；

■品格长处需要通过思想、感觉和行动展现出来；

■品格长处从文化中汲取养分，制度、习俗、榜样、寓言、格言和儿童故事均可为其提供滋养；

■品格长处表现于被传诵的历史名人；

■品格长处往往在早年已被发现，这些特质在某些人身上是难以被培育的。

这24种品格长处可归为6种美德(virtue)类别。

表3.1　品格长处的6种关系

美　德	品格长处
智慧	创意，好奇心，开放态度，好学精神，洞察力
勇气	勇敢，毅力，诚信，热诚
人道精神	爱心，仁爱，社交智慧
正义	公民责任，公平，领导才能
谦恭节制	宽宏大量，谦逊，谨慎，自制
超越自我	美善的领会，感激之心，乐观，幽默，精神修养

3.1.3 快乐教练的使命

教练概念起源于运动员的训练，每位职业运动员背后都有一位专业教练为其提供训练及指导。很多顶级的运动员都认同教练在他的个人成就方面扮演了重要角色，特别是当他们处于运动生涯的低谷时，教练往往能给予他们鼓励及支持，让他们重新发展并踏上成功之路。在1990年代，教练概念已被广泛应用于商界及个人生涯规划，并协助无数大企业的行政总裁、行政人员及个别人士在事业及人生各领域取得成功。而今，教练技术应用范围甚广，涉及行政管理、教育、亲子关系、社会工作、组织发展、客户关系及销售行业。经过10多年的发展，专业教练已就不同的对象及目的，分作不同类别。

表3.2 教练类别、对象与目的

教练类别	对　象	目　的
企业教练	组织及团体	协助企业成功
行政教练	行政人员	提升表现业绩
内部教练	机构职员	培育积极工作态度
人生教练	个人	达成个人特定目标

在众多的教练类别中，人生教练所服务的对象及工作性质较接近快乐教练角色，本课程亦将以此为参考。现时的美国，人生教练的专业地位与临床心理学家十分相近，二者同样采用个别咨询模式，偏重建立互信关系，以提高案主的自我意识及自信心。不同之处是临床心理学家的对象为精神病患者或被心理问题困扰的人士，治疗目的是处理他们的情绪、思想、行为及性格问题。而人生教练的工作对象则为身心健康、社会适应能力良好的成年人，工作目标包括协助他们认识个人特质、建立适合个人特质的人生目标、拟订计划及策略、提升情绪管理及人际关系技巧。

人生教练的角色或功能有多方面，具体发挥视乎当事人的需要。较常见的包括协助当事人：

- 认识个人特点、需要及目标；
- 认识自己的“盲点”及潜在资源，从而突破自我；
- 发挥个人专长及性格长处，提升自主性、决策及领导能力；
- 拓展思维，突破思想框架，提升个人成长空间及动力；
- 建立适合及平衡的生活形态，实现生命计划；
- 构建短期及长期目标，并付诸具体行动；
- 寻找个人成功模式、策略及程式；
- 增强沟通能力、情绪管理能力及人际关系技巧；
- 在危机时当机立断，寻求解决问题的方法。

理想的人生教练应具备一些个人特质，包括观人于微的直觉能力，乐于助人、充满活力、积极乐观的人生态度和强烈求知欲，视变化为契机，尊重别人，善于解难及待人坦诚的生活方式，这些特质同样适用于快乐教练。尽管快乐教练并非专业教练，但香港国际业教协会制定的“专业教练标准”，实际上可作为使我们的工作更有效协助学员的参考。

●教练目标

■引导学员自我发现，突破阻碍成长的思想及行为框架；

■通过支持及互动过程，协助学员深化学习，提升生活素质；

■建立伙伴关系，与学员建立清晰目标，朝着深层意义的生命进发。

●教练关系

■互相尊重、信任及坦诚；

■以真挚、公平、信赖及爱惜的心引导；

■鼓励做出个人选择，支持学员以行动实现快乐人生目标；

■让学员承担个人行动后果；

■在开始教练过程时，讲解有关过程及有关事宜；

■尊重隐私及容许自行退出服务的选择。

●服务质量

■适当运用快乐教练课程内容，按学员的情况，弹性处理偏离科研结果及正确的理念架构；

■与其他教练保持联系，保持开放态度，重视个人成长；

■若对学员的精神及心理状况存疑，应将学员转介给适当的专业人士。

参考人生教练的工作原则，快乐教练不会以专家或顾问角色自居，向学员“硬销”快乐人生招式，因为每个学员都有不同的情况，没有一套特定的方式适合所有人。快乐教练应尝试了解学员的不同情况，鼓励他们分享个人的现况、生活目标及其他背景资料，再通过启发式的训练技巧，引导学员寻找属于个人的答案，并将答案化为具体行动。快乐教练虽然不是专业教练，但所采用的方式均与人生教练的技巧一致，若日后再接受有关训练，将来会是一个具有专业资格并能更加有效地协助别人实践快乐人生的专业教。详情可参阅香港中文大学专业进修学院资料（网址：http://www.scs.cuhk.edu.hk）。

人生教练在帮助当事人成长及实现目标的过程中，自己同样会享受到助人之乐及充实的人生。作为一项事业，教练的工作是富有挑战性及弹性的。对于喜欢接受挑战、富有创意而同时向往自由度大的工作模式的人士，教练工作将是十分合适的。成功的教练亦可享有理想及稳定的回报（例如：30位长期顾客，每位每月收费2000～3000元；每位每星期接见1次，每次1小时）。同时加入人生教练行列，与其他同行交流心得及经验，建立互助网络及伙伴关系，互相勉励并一起成长，定期出席大师训练班，实在是一件赏心乐事。

●快乐教练计划的目的

表3.3　快乐教练计划的目的

是	非
● 发掘个人品格长处 ● 发展良好人际关系及平衡生活 ● 建立愉快、美好及意义人生	● 经常保持愉快心境及保持欢颜 ● 不切实际的乐观思想 ● 轻视负面情绪及生活问题的存在

●快乐教练计划协助学员

■理解及驱除快乐障碍；

■重新建立生命动力；

■认识及实践快乐招式；

■发掘及发挥个人品格长处及美德；

■运用快乐招式及个人品格长处建构愉快、美好及意义人生；

■提升人际关系及建立平衡生活方式；

■提升身体及情绪健康。

3.1.4 评估工具

在享乐的范畴方面，测验一的内容，便是测试正面及负面情感的经验。在心理学上，情感（affect）及情绪（emotion）代表不同的心理状态。情感指身体对环境刺激的生理反应，它受与生俱来的遗传因素影响。以初生的婴儿为例，由于缺乏语言能力及生活体验，当环境刺激出现时，他们只能以哭叫声、表情及身体动作的强烈程度，表达不同的反应。而父母所观察到的孩子的反应，则属于情感反应。即使发展至成人阶段，我们的情感反应仍难于由理性思维或其他方式操控。因此，情感仍会在意志之外主导我们的情绪和感受。

情绪则是指对情感的意识及经过脑部运作处理后的思想及行为反应。在生理学层次上，情绪反应包括两种情况。一是个人察觉到的身体感觉，如事件发生之前的焦虑感，通常涉及控制自律神经系统和荷尔蒙释放。二是发生在大脑皮层。个体情绪反应受制于脑部不同功能的部位。研究显示，脑部左侧的前方区域与亲近行为（快乐心情）比较有关联，右侧区域则与退缩行为（恐惧及厌恶心情）比较有关联。脑部左右侧之间所存在的非对称性差异，代表了某种情绪反应倾向。

根据Clark和Watson（1991）提出的焦虑症和忧郁症三角理论（tripartite model of anxiety and depression），焦虑症和忧郁症的症候群可分3个类别：一般性负向情感、特定忧郁症的低度正向情感及特定焦虑症的身体激发状况。此理论说明，焦虑症和忧郁症高度相关的原因在于二者皆有负向情感的症状。鉴别焦虑症及忧郁症的关键因素在于低层次的正向情感与身体激发情况。因而，测验二的量表包含正负向情感量表。在对没有心理困扰的常人提供有关情感表现资料时，若发现测试者有低程度的正向情感及高程度的负向情感，便需要考虑转介专业人士评估是否患有忧郁症；若单有高程度的负向情感，亦需要跟进测试者是否受焦虑症所影响。

在研究过程中，快乐经常分为幸福及享乐两类。本手册中测验二的内容便集中于对幸福的评估。幸福的来源包括自主感、生活目标、个人成长、良好人际关系、自我接纳及成就感（Ryff, Keyes, *et al.*, 1989）。本手册的测验一，便是将内容再作个别项目分析，以方便训练时的效用评估及对个别学员情况的理解。

3.2 快乐工具

3.2.1 第一式：感谢与赞美

1. 感谢与赞美研究结果

McCullough等学者提出，感谢为一种道德情感(moral affect)。他们认为，当人向别人表示感谢时，往往以自己的好处为出发点，以理解对方的无私意愿（这种推论能力在7~8岁时发展）。而感谢的程度与对方是否带有目的地付出、对方所付出的代价及所付出的对接受一方的重要性有直接关系。此外，若施与者的社会地位较接受者高，后者因无以为报，感谢的程度会更强；若施与者为平辈或亲属，接受者较难产生感恩图报的心。

当人经历感谢时，便会产生行善及实践道德行为的动力，减少不良社交行为的出现。有关研究证实，感谢的情绪反映为个人人际关系情况，它能强化人维持有利社交行为的能力。对这一理念加以引申，则是当社会能建立感谢的风气时，各阶层便能团结起来维持社会的稳定及团结；反之，社会便会不断累积戾气并危机暗涌。早在1950年代，Simmel就提出，法律及社会契约不足以建立良好的国民关系及社会稳定性，唯有当感谢成为国民的特性时，建立和谐及互助关系方可成为可能。

2. 感谢和赞美与情绪之间的关系

感谢亦为性格特质的一种。研究发现，拥有感谢性格的人，他们会较多地表现出正向情感、建立社会行为及灵性特质，其妒忌及物质化倾向较低，能较少产生忧郁及焦虑情绪，而且容易对人产生同感、乐于宽恕及关怀。

从情绪理论角度分析，学界对感谢与赞美是否属于情绪类别并没有一致看法。Weiner在1980年代提出将情绪分为结果主导（outcome-dependent）及归因主导（attribution-dependent）两类。前者包括快乐及不快乐情绪，后者则包括自豪、愤怒及感谢情绪。在这一理念主导下，感谢被视为一种由人际关系互动所主导的情绪，是当事人将正面经历归因于别人努力过程产生的结果。

综合不同学者的建议，实践感谢的成功策略主要包括如下元素：一是运用自我陈述（self-talk）策略，挑战埋怨的思维模式，以提醒自己是一个拥有良知的道德个体；二是立志实践以感谢为本的生活模式，并构思不同情况支持的感谢态度，以这些新的思维代替埋怨型思维；三是将感谢思维化作行动，定期检视个人的表现，持之以恒地鼓励自己做出改变。在实践过程中，我们可以以灾难生还者的经历为借鉴，以帮助其他际遇不幸者，或激励身边的挚爱亲人珍惜生命本身的价值。

由日本的吉本伊信创立的“内观疗法”（naikan therapy）已有数十年历史。所谓“内观疗法”，乃是通过内省或反省自己从别人（特别是亲人）那里得到的恩惠和自己给别人带来的麻烦，以认识自己内心的不足和欠缺，获得对别人价值的肯定，从而达到洞察自我，重构对他人的感谢回报之情，以激发内心情感并提升自己心灵纯洁的方法。“内观疗法”以3个基本问题为主轴，即“我从某人身上得到了什么”、“我给予了某人什么”以及“我为某人带来过什么烦恼及困难”。内省的对象包括家人、师长及同事，也可以扩展至我们拥有的一切对象。这3个问题让我们在反省过程中扪心自问是否接受多于施与，是否将别人的付出视为理所当然，是否只会怨天尤人而忽视所接受的恩惠，有否尝试行善或关怀身边的人，是否知觉自己的所作所为对别人产生的伤害。“内观疗法”的关键是发现自己善良的心通过自我洞察净化心灵，这种治疗方法的原理与提升感谢的心一脉相承，它已被广泛运用于治疗各种心理问题、性格异常及沉溺行为。其实践方式是，在每天入睡前花20～30分钟，围绕上述3个主轴，依时间顺序安静地回想当天发生的事情并做出反省；亦可每年或每月安排一次静修，反思过去一段时间自己的表现。

在各种实践感谢与赞美的方法中， Martin Seligman与其他学者在近期的研究中证实“每日祝福”及“致谢探访”能有效提升个人的快乐程度及减少忧郁症状。相对而言，每日祝福的作用是循序渐进式，一个月后开始产生作用，但能持续最少半年；而致谢探访虽然能实时产生正面效用，但若没有其他措施配合推行，作用于一个月后便会消减。因此，以上策略需要融入日常生活中成为习惯，才能产生理想效果。

3.2.2 第二式：“健康乐悠悠”理念

1. 健康心理学研究发现

香港医院管理局于2000年开始推行以“健康创繁荣”为主题的“健康推广运动”，为数以万计的劳工、基层市民提供免费健康测试及专业健康辅导。研究结果显示，大部分“打工一族”的身心健康状态并不理想。四成半的“打工一族”在日常生活中自觉面对颇大至极大压力，其压力主要来自工作（32.3%）、经济状况（29.5%）及家庭（12.8%）；接近三成的睡眠不足，但同时有超过四成的有时或经常会因为上网、看电视或玩乐等非必要活动而熬夜。

研究资料同时显示，大部分“打工一族”的活动量情况不理想。八成的在日常生活中不活跃，接近八成的在空余时间经常会或有时会做静态活动，包括看电视或上网等；“完全不活跃者”潜伏各种高危因素的机会比“活跃者”高出的百分比分别为高血糖90%、肥胖27%、高血压19%及两个或以上心脑血管病诱因，肥胖、高血糖、高胆固醇、高血压及吸烟26%。

在饮食方面，大部分“打工一族”的饮食习惯存在“高脂”、“高盐”、“高糖”、“低纤”及饮水量不足等不健康问题。有三成半的人经常没有进食足够的蔬菜，导致纤维量不足；超过半数的人会有时甚至经常进食肥腻或煎炸等高脂食物；超过三成的人会有时甚至经常会进食罐头、腌制及高盐分食品；接近六成的人会有时甚至经常进食甜饮或甜食，导致身体过量摄取糖分；在饮水习惯方面，超过七成半的人每天喝水少于8杯（即少于2000毫升），超过一成半的人每天喝两杯或以上甜饮。

健康心理学的研究发现，负面信息对改善人的生活习惯并没有很大成效。单以恐惧的方式说服人改变，可能会适得其反。实际的建议是，建立健康的生活习惯才是更重要的。“健康信念模式”（health belief model）研究结果显示，人需要在感到脆弱（vulnerability）同时相信自己有办法减低脆弱，才会自动机改变自己。具他重要研究也发现，乐观及有正面思维习惯的人，更能掌握有关健康威胁的信息。因此，在发放有关信息时，需要让接受信息的人感到安全及对自己的情况有正面的认识。

Sherman近期的研究显示，引导人反思了自我增强经验（self-affirming experiences）。如个人认为，重要的价值观能减少人对健康危机的抗拒感并推动其改善生活习惯。其基本原理是，通过正面信息让人产生正面情绪，这样会有效防止负面情绪影响人接收敏感信息的能力。因此，在推广健康教育信息时，需先让参与者思考健康对个人的重要性。

在患者康复过程中，提供社交支持能减轻心理压力，增强患者的调适能力并带来正面的效果。研究发现，癌症患者的家庭在面对亲属的病情时，会产生很多负面情绪，患者通常会经历被拒绝感及被遗弃感的折磨。若家庭成员未能持续调适患者的压力，患者的康复过程会增添更多变量。研究发现，为增加患者所得到的支持，院方安排等待进行手术的患者与一位已完成手术的病友交谈，可以有效减低其手术前的焦虑感并提升康复效果，即使手术的性质不同，亦能产生良好效果。

对于患有慢性疾病人士，社交支持小组及其家属的参与对于其康复也有明显的成效。随着科技的发展，病友可以通过互联网络接触，增加相互支持的弹性。医护人员亦可参与其中，以及时提供重要的康复信息。综合有关研究文献可知，信息提供、身心松弛技巧、认知行为的介入及呼吸练习，均有助患者减少焦虑感，增强调适能力，有助于患者康复。

2. 健康元素

●选择合适的运动

■了解个人身体状况——若长期缺乏运动或健康欠佳，便不宜进行运动量大的活动。最安全的做法是，由专业教练进行体能评估，选择有趣味的运动，以便发展成习惯；但在运动项目选择时，需考虑场地、器材、装备、人数、所需金钱及时间等因素，以便让运动融入日常生活。运动量评估可采用MET（resting metabolic rate），即静止时的代谢率或耗氧量，每MET相当每千克体重每小时消耗1卡路里热量，MET数值愈高，表示运动愈激烈。

表3.4　运动项目与MET平均值

运动项目	MET平均值
慢跑（每小时10千米）	10.2
慢跑（每小时8千米）	8.7
篮球比赛	8.3
足球	7.8
单车、网球	6.5
游泳	6.3
羽毛球	5.8
有氧舞蹈	5.6
篮球(不比赛)	4.8

■提升日常生活运动量——运动对稳定情绪，减轻焦虑有明显的效果，其中以非竞技性有氧运动效果最佳，包括步行、缓步跑、游泳、跳绳、骑单车及有氧舞蹈等。因此，只有在日常生活中维持适量运动，才能充分发挥情绪稳定的作用。提升日常生活运动量的方法主要包括：少乘电梯，以走楼梯代替电梯；不超过30分钟的路途，以步行代替乘车，选择较长的步行路线上班；早1～2个站下车，步行回家；勤做家务，争取时间与家人外出散步；看电视时做伸展或踏步运动。

●提升睡眠质量

睡得好，心情便容易好起来。要想精力充沛，活得愉快，则必须严格规定自己作息时间，保证充足的睡眠，以使自己一觉醒来精神焕发，并能积极投入工作和生活。要测试自己是否睡眠不足，首先需要留意自己的日间生活是否有以下症状：疲倦、难于集中精神、短期记忆力差及口齿不灵；其次是在舒适的环境中打瞌睡，如果你在10～15分钟内能入睡，即可在其他时间做同样测试，若反复测试的结果相同，则显示你已有睡眠不足问题。睡眠不足对身体及精神健康的影响不容忽视，长期失眠往往会增加成人患癌症、心脏病、糖尿病、情绪病及精神病的机率，而儿童则会引致身体受伤、情绪行为及专注力弱等问题，影响社交及学习表现。如果受到睡眠不足或失眠问题困扰，可尝试用以下方法加以调整：

■避免饮含有咖啡因的饮料、吸烟及饮酒，特别是在睡前几小时；

■保持规律的睡眠习惯，在假日也不要做出重大改变；

■在日间进行适量运动，避免在睡前进行剧烈运动；

■保持凉快及宁静的睡眠环境，风扇或轻音乐可以有效减少环境噪音；

■睡前可以进行肌肉松弛活动或热水浴；

■不要自行购买或进食安眠药；

■在日间避免超过1小时的小睡；

■安排日间或黄昏时间处理生活上的困扰，睡前避免与家人或其他人讨论敏感话题；

■若睡在床上半小时还未能入睡，暂时离开并进行其他轻松活动，直至感到有睡意。

3. 身体状况与情绪之间的关系

快乐和健康是唇齿相依的，如果没有健康的身体，我们即无法活得快乐；如果活得不快乐，我们便无法保持身体健康。这是因为身体的健康，对主宰心灵健康的化学成分特别重要，假如你受到令人不快的化学成分折磨蹂躏，即使你已拥有快乐的人生也会察觉不到，身体的神经递质血清素和多巴胺之间一旦失去平衡，体内的快乐感觉便会被隐藏起来。而血糖不稳定也会严重影响心情。我们的脑袋只占体重约2%，但心脏却要把25%的血液输送到脑袋中，高蛋白质的食物和营养丰富的膳食，有助于提高血糖，但刺激胰岛素分泌的糖或淀粉却不行，咖啡因会令血糖水平波动，故此进食时要小心。

对于轻度抑郁症患者，运动的成效一般可以媲美药物，这是因为运动不单令身体产生更多刺激性激素（例如去甲肾上腺素），还会令更多氧气流向脑部。此外，运动亦有助减轻和预防焦虑，运动后所产生的平静感觉，为时可持续约4小时。研究显示，持续半小时至1小时的运动，可以最有效地提升对心情的影响。运动可以每天进行（持续或累积半小时）或隔天进行（不少于1小时），若进行有氧运动，运动时的心跳率应介乎最高心跳率（220减去年龄）的60%～90%之间（American College of Sports Medicine, ACSM）。但无论以何种形式运动，均应将其融入生活，如多走路或走楼梯及分担家务，在假日选择动态的户外活动，减少被动节目如看电视或打游戏机。对于身体不适需要卧床的患者或年迈不便于行动的长者，则可进行适量的养生活动，如梳头、揉眼、捏鼻、吞咽、转动颈肩、弯腰或握拳等。

4. 平衡生活蓝图

表3.5　平衡生活蓝图

范　畴	建　议
身　体	● 早睡(11点前)早起 ● 保持稳定的睡眠习惯 ● 每大进行持续半小时至1小时运动 ● 每星期参加最少一次任何一项运动训练班 ● 每天吃早餐 ● 保持三低一高的饮食习惯 ● 有节制地吃零食及喝甜饮 ● 每天喝6～8杯水 ● 外出时带清水 ● 避免喝含有咖啡因的饮料、吸烟及喝酒

续表3.5

范　畴	建　议
心　理	● 积极享受人生，留意美好事物 ● 接受自己会犯错，从错误中学习 ● 在能力范围内做到最好 ● 清晰表达个人工作目标 ● 相信事情总会有好的结果 ● 面对困难时仍保持活力及毅力 ● 争取时间与家人共享天伦 ● 为了家庭延迟个人目标的实现 ● 适当地嘉许家人及自己的良好表现 ● 适当地向家人表达自己的感受
环　保	● 关掉备用系统，把不需用的电器关掉 ● 购买有能源标签的电器 ● 打印前先三思，转用FSC纸张或再造纸 ● 善用公共交通工具 ● 重复使用物品，自备杯及购物袋 ● 将旧衣服翻新或捐赠给有需要的人士 ● 避免购买采用大量包装的产品 ● 买外卖时把多余的塑料餐具及调味料还给店员 ● 多跟朋友见面，参加舒筋活络的活动 ● 多吃蔬菜，少吃红肉
理　财	● 订立理财目标（置业、子女教育、退休） ● 小心运用信用卡及借贷 ● 留意个人消费模式，减少不必要开支 ● 不要盲目追求高回报的投资 ● 选择投资项目前先考虑个人能承受的风险 ● 养成储蓄习惯（不低于每月收入的一成） ● 学习精打细算，购物前先作思考 ● 留意广告对个人消费习惯的影响 ● 编写资产负债表及每月收支表 ● 维持每月负债还款不超过每月收入的一半

3.2.3 第三式：敬业乐业

1. 神驰（flow）经验

提出神驰理论的学者Mihaly Csikszentmihalyi于战乱时期的匈牙利长大，他目睹了很多于战乱中丧失社会地位及经济能力的人精神崩溃，但同时发现有少数人能维持正常表现。出于对这部分人生存能力的好奇，他致力研究世界上具有超凡创意的奇才，如作家及科学家。其研究发现，这些人与战乱中表现异于常人生存能力的人有共同之处，即能够全情投入生命而不受外界环境影响。

Mihaly Csikszentmihalyi留意到某些创意活动本身具有很大的原动力。以绘画为例，当画家投入创作某幅作品时，他会废寝忘食地全力以赴，直至他完成该作品的某一部分并感到满意为止，然后他会将注意力转移到另一作品。有趣的是维持创作的原动力并非是最后的制成品得到别人赏识，画家向往的其实是创作的过程，这种忘我投入工作的现象不单在创意活动中可以发现，在日常生活中也会经常出现。Csikszentmihalyi形容这种现象为flow（译作“神驰”或“心流”），意即像水流一样看起来不用费力的动作。人与生俱来即有不同程度的神驰体验倾向。研究显示，约有15%的人从未经历神驰，有15%～20%的人表示经常处于神驰状态。后者经常为自己生活中的大小事情订下目标，他们有很强的集中精神的能力；即使面对困难，他们仍能保持这种状态。

若希望在工作或生活中经历神驰，我们便需要创造以下条件：

■ 为我们现时的工作增添挑战性，改变我们对工作的被动态度，并付出更多思考和更大努力。

■ 将工作难度调整在我们能力范围内，但不要过于容易或沉闷。

■ 为工作确立清晰的目标，让我们能定期检讨进度。

■ 工作过程中不断留意产生的效果，通过不同的反馈途径构思改善的方法。

当进入神驰时，人的思想与行动将会连为一体，情绪处于极度平静状态，他能持续地聚精会神于工作，甚至忘记时间的流逝，感到一切尽在掌握之中；他较平常更能掌握个人的内心世界，并有强烈的活在当下的感觉，不被过往不愉快的回忆及将来忧虑的事情所困扰；他能进入忘我境界及有“灵魂出窍”的体验；他亦会感到个人与环境的界限被扩张，如驾驶风帆的运动员感到与风浪和大海融为一体、音乐家感到天人合一一样。简单而言，神驰是一种完全内在控制的状态，身处其中，即能推动人接受挑战，并不受环境的限制，体验自得其乐的人生经验。

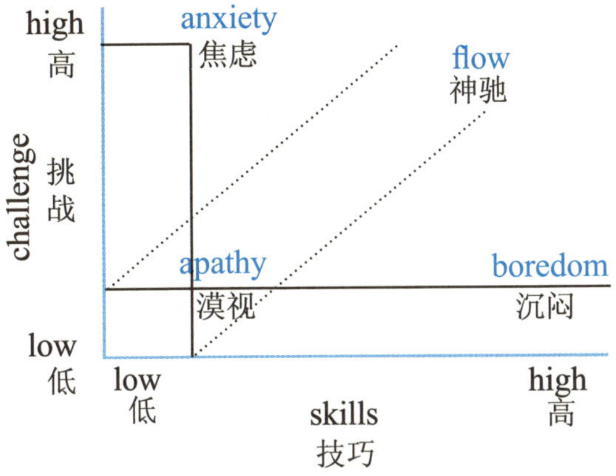

图3.1 神驰理论

在现代社会生活中，形成依赖电视和其他被动休闲活动的文化，将使我们空闲时所获得的经验乏善足陈。大多数人在看电视之后，会感到自己更紧张、抑郁和焦虑。神驰理念便能挑战这种重视物欲的享乐模式，因为物欲（如进食、休闲购物或观看电视）带来的生理上的满足，往往受制于“回报递减”定律（the law of diminishing returns），而且这种物欲带来的满足感，往往让人处于被动的生活形态中。相对而言，主动参与的活动，如阅读、运动、艺术活动、战略性游戏、活泼的家庭及社区生活等，则更能使人经历持久的快乐。虽然很多人意识到了被动性活动的不足，但往往由于各种生活压力或健康问题，未能提升自己精神及身体状态，在推动能力不足的情况下，最终依然只能维持被动式生活。

2. 神驰经验与工作

赋闲在家似乎是一件好事，但许多人往往不知道如何运用空余时间，在一段时间后，游手好闲会逐渐令人感到沉闷。因此，工作总比赋闲在家好。而做一些令我们有满足感的工作则更为理想，因为工作上的满足感，会影响我们生活方面的满足感。对已婚人士而言，工作上的满足感和压力，更能影响家庭生活；而与别人一同工作时学到的社交技巧，则有助于改善家庭生活。

随着社会文化的变迁，工作的意义亦在不断演变。研究工作意义的学者察觉到，从整体而言，现代人对工作的重视程度已开始不断减小，工作的本质意义已渐由工作所产生的回报所取代。从个别角度分析，个人的工作态度受很多不同因素的影响，如个人需要、性格、社会地位、文化背景、工作特性及金钱回报等。Bellah与同僚（Bellah,*et al.*，1985）提出了3种工作取向以描述工作经验。第一类员工视工作为维持生计的工具（job），他们看重工作的回报多于其他意义及满足感，他们会争取工余时间享受生活；第二类员工视工作为职业（career），他们工作上的满足感来自工作职位的晋升及专业上的发展，他们会重视薪酬的增加、声望及地位的提升，职位的晋升会带给他们自尊、权力及社会地位的提升；第三类员工则视工作为个人的召唤（calling），他们带着使命工作，渴望透过他们的工作给社会整体带来利益。

Wrzensniewskin与其他研究人员于1997年进行上述与工作取向有关的研究后发现，他们研究的对象能清晰地被界定为合乎上述3种工作态度，而且分布颇为平均。结果显示，在同一机构及同类型的工作中，员工对工作有不同的取向。整体而言，研究人员发现，以召唤作为工作取向的员工在工作中能找到最大的满足感，他们投放在工作上的时间较长。其他相关研究也发现，这些员工拥有乐观的性格特质、重视对工作的掌握并充满热忱。这些特质使他们在任何岗位上都较其他人更加投入和付出更多，并且能经受时间的考验。

工作有助于我们构建个人认同，因为我们可以通过工作促成个人与社会的认同。工作能令我们活得更有意义，可以成为我们的使命，推动我们为有意义的事情付出和作出贡献。有意义的工作所带给我们的，远远超过金钱报酬，只要喜爱自己所做的事，并知道所做的事是有意义的，我们便会感到快乐。与神驰有关的研究显示，只要我们能掌握并不断提升有关技能，我们便能体验活动的内在意义，而不会拘泥于活动带给我们的具体回报。事实上，工作与休闲同样能为我们带来真正有深度的快乐及满足感。

3.2.4 第四式：嘉言善意

1. 思维模式与情绪之间的关系

Lumbomirsky（2006）与其他研究人员发现，当人以不同方式回顾愉快及伤感的经验时，会产生不同的效果。如果以书写或录音方式做记录，愉快的经验会减弱，而伤感的经验则会有所改善，若单在脑海中回忆往事，则愉快及哀伤的经验便会不断加强。例如在忧郁症患者中，女性相对于男性更倾向于反复地将思想焦点集中于自己的问题、问题成因及感受上，这种重复思想反应（rumination）往往导致长期的忧郁感、悲观情绪及记忆，进而制约患者解决问题能力、动机及集中能力的提升。

我们每个人都会经常对自己说话，但并非都能察觉得到，因为大部分说话都是在脑海里面进行的。若我们自言自语的内容带有负面信息，我们所受到的影响便有如其他关系密切的亲朋说出来的一样。因为这些话是在脑海里面出现的，所以我们更难做出抗辩或置之不理。因此，我们的自我形象更容易直接受到不良影响。若我们能留意自己的思绪，则不难发现，我们每天都会对自己的各项表现做出不同评价，无论是正面的还是负面的，我们都会感受到。这些自评更多的是出于惯性而非依据事实，而且会潜移默化地支配我们的情绪及生活方式。因而，我们不能轻视它对我们的影响。

有研究表明，我们可以通过读一些句子（一般称为自我肯定或自我叙述），像“我感觉很好”或“我很害怕”，以改变自己的正面或负面情绪。研究人员进行的提升快乐程度实验的测试结果证实，被测试者在两星期内每天早上背诵正面语句后，其快乐程度可提高25%。由此可见，字句能把意念变成真实。因而，我们可通过自我对话，为思想增添意义或发挥自己的智慧。由于自我对话具有强烈的感染力，因此我们要小心选择字句。一般人一旦陷入恐惧当中，他们的话语便会充满“不能”、“不要”、“不应”及“不会”等字眼，他们会倾向于留意不如意的事情，并会问一些只有否定答案的问题。当他们的生活有正面的转变，他们的语言亦变得正面。使用正面的语言，可改变我们的心态和思维方式。不过，向自己说一些脱离现实的肯定话却是自我欺骗，因而不会带来多大好处。

一项简单的原则是：你想别人怎样与你说话，便以该种方式与自己说话。人们可能不想被别人责备，但却往往会批评自己，他们认为这是挑战自己，能激励自己做得更好，但结果却经常把自己推向恐惧。同样，我们如何记忆生活的体验，最终会成为我们生活的一部分。我们可以说健康正面的故事，也可以说负面吓人的故事，选择权在自己。在心理学里，我们称这种方法为正面自我陈述（positive self-talk），就是将自己的优点及希望达到的目标，以一两句正面的句子描述出来。例如“我是一个善于与人沟通的人，能与办公室每一位同事及上司合作愉快”，就是一种正面自我陈述。有关自我陈述的信息，可以通过意象及说话进入大脑记忆。我们也可将一些人生座右铭或任何能够激发个人心灵力量的东西放在办公桌上，这些均有助于舒缓压力。

● 负面思维模式

■ 过分留意问题，忽略解决问题方法；

■ 将事件或问题成因个人化；

■ 以偏概全，将事物的成因作笼统的归因；

■ 将事件看得过重，不必要地定性为灾难；

■ 凡事应做最坏打算，忽略正面结果的可能性；

■ 将别人标签化，未能认识对方的独特性；

■ 将复杂的事情简单化或绝对化，缺乏深入及多角度分析；

■ 行动倾向两极化，不去构思其他选择及可行性；

■ 过分运用负面词汇形容生活经验；

■遇到问题很快将过失归咎别人，不去寻求解决问题的方法；

■很快拒绝别人的建议及关怀。

负面思维模式的共同特征是先入为主、片面及缺乏足够事实根据，单凭过去的经验做推论，并且过滤正面信息，偏向负面地评估情况，将问题个人化，这些都是令心情困扰难受，引致内心冲突的根本原因。这些思想通常在我们生活遇到巨大压力或情绪受困时出现，而每当发觉自己被这些思想困扰时，便应该实时地以其他活动分散自己经历，深呼吸一下或外出散步一会儿。若这些思绪持续影响你的生活，便要咨询专业的辅导员或向心理学家寻求协助了。长远来看，训练正面自我陈述，需要为自己订下实际可行的目标，这些目标能让自己争取成功经验及发挥所长。在订立目标的过程中，尝试运用意象能力（visualization）想象自己实现目标后的实际情况，尽量运用自己所有的感官知觉串联出一个成功的情境，这样，目标便能清晰地记载在我们的脑海里。

●从习得无助感到抗逆能力

Martin Seligman在这方面的研究声誉卓越，而他提出的“习得无助感”（learned helplessness）理论，开启了针对沮丧、乐观、健康和表现研究之门。他曾经和同事做了一系列著名的实验。例如，将狗放进实验笼中，以绳子绑牢，然后施加电击，无论狗在笼中如何挣扎，都无法逃过电击的痛苦；隔天，他们又将这条狗放进另一个实验笼中，笼子分为两边，一边是电击部分，一边是无电击部分，中间有一道矮墙分隔，只要狗想逃避电击，跨过中间的矮墙，便可以轻易地到另一边“避难”。然而当实验进行时，狗却只是吠叫几声，胡乱地冲撞一阵后，便乖乖地忍受电击的痛苦，毫无逃避的企图。实验结果表明，具有自毁反应模式的人，会在挫折出现时说：“逆境会持续到永远，会破坏我所做的一切，而这都是我的错。”而视挫折为一时影响的人，则会积极乐观地面对挑战。Seligman等人的研究清楚地揭示，这些反应模式全都是后天学习而来的。更重要的是，这些模式可以经过修正强化，永远地烙印在脑海里。

根据习得无助感理论，当人们相信他们的举动不管是快乐或痛苦都已没有差别时，就会感到忧郁。忧郁的发生在于对将来无助的期待。他的理论启发了许多对忧郁症患者认知过程的研究。与此同时，研究结果也证实，自我批判态度及归因无助感，均为造成忧郁的重要因素。Seligman提出有关无助感思维模式，大致包含3个基本思维向度：

■问题为内在或外在性质：当个人相信问题发自内在，

且个人无能力控制最后结果时，很可能会变得很忧郁；

■情境是稳定或不稳定的：把失败归因于稳定的内在的想法（未来不太可能改变）；

■整体或特殊情况：将事件发生结果作为证据，来解释他是完全无助的人。

Martin Seligman在其新著作《学习乐观，乐观学习》一书中指出，习得无助感是一种放弃反应，即从“无论你怎么努力都于事无补”的想法生发而来的放弃行为。作为一种悲观的习惯性解释方式，当人在遇到挫折或暂时失败时，这种解释方式可以决定他会变得多么无助或多有精力。但同时他也指出，尽管乐观不是万灵药，但它可以保护人不受沮丧的侵害。乐观可以提升人的成就程度，使身体更强健并保持一种令人愉悦的精神状态。综合以上研究及理念可以认为，应付逆境的能力主要有5个方面，即“控制挫折”（control）、“挫折归因”（origin）、“责任感”（ownership）、“影响范围”（reach）及“持续性”（endurance），简称CO2RE，其中：

C——我们认为自己对逆境有多大的控制能力；

Or——指逆境的归因；

Ow——对处理逆境所作出的承担，即采取方法以应付及改善逆境引致的情况；

R——代表影响范围，即逆境和挫折对我们其他方面有多大影响；

E——代表持续性，即逆境及导致逆境的原因会持续多久。

积极正面的思维方式，可以使人在困境中仍对前景抱乐观态度，而乐观的态度能让我们对“转变”持开放及正面的心态。当面对新的工作环境或人事时，会期待有新的发展及更好的发挥空间，它能使我们更乐于了解、尝试和接受新差事，并在思想及行为上做出调整，进而导致正面结果的几率相对较高。乐观思维让我们即使面对很多不利因素，也会对前景抱有希望。根据上述理论，运用积极思维处理生活中的困难事件，主要包括以下技巧：

■控制：分析以往经验及事实，认定自己仍然可以掌控整体生活。

■来源：以事实确认事件不是完全由自己制造出来的。

■责任：提醒自己无论事情的成因何在，自己都有责任改善现状。

■范围：以客观态度分析事件只影响自己生活的一部分。

■时间：客观分析说明事件对自己只会带来短暂的影响。

2. 案例一：中年人士失业问题

尽管我不是一个工作狂，但经过10多年的努力，我已晋升至中层管理，我对自己的工作表现尚感到满意。但好景不长，两年前公司开始精简人手，我所属的部门已有1/3的同事被裁减。我的女儿已进入中学，太太亦打算找兼职帮补家计。但经济的担子仍落在我的肩上，一旦失业，供楼的负担便会过重。

●控制

以以往的经验及事实分析，认定自己仍然可以掌握整体生活：

■我以往亦曾面对各种生活压力，现在的情况不会比以往更差；

■即使没有工作，我也能很充实地运用我的时间，对社会有所贡献；

■我会继续以努力及积极的态度生活，不会让怨气或挫败支配。

● 来源

以事实确认事件不完全是自己制造出来的：

■ 公司已裁减1/3的人手，我的表现若不济便不可能被留下；

■ 公司面对很大的竞争，即使表现出色，也难完全避免被裁的厄运；

■ 我能晋升至管理阶层，证明我的工作能力不弱。

● 责任

提醒自己，无论事情的成因何在，自己都有责任改善现状：

■ 即使失业并非我一手造成，但我仍有责任去解决关乎我及家庭的生活问题；

■ 失业可以受很多因素影响，但没有一个原因是支持我采取放弃态度的。

●范围

以客观态度分析，事件只会影响自己生活的一部分：

■即使没有工作，我还有家庭，我们的关系可以比以前更为密切；

■我仍可以一如常态地留意身边的事物，与良朋共聚及参与有益身心的活动；

■工作只占我生活的一部分，家庭及朋友才是我重要的生活环节。

●时间

客观分析证明，事件对自己只会带来短暂的影响：

■失业会给我带来短暂影响，但适应过后我仍能够快乐地生活；

■我有各种解决失业问题的方案，因此失业很可能是短暂的情况；

■只要我不夸大失业的影响，我的心情是不会长期受其影响的。

3. 案例二：家庭关系问题

我的儿子今年10岁，就读小学五年级，在学校成绩中等，英文科表现较差。随着中考临近，我不断督促他温习，但他仍提不起劲。在日常生活中经常因此而出现冲突，彼此每天都在责骂声中度过，丈夫起初也体谅我的心情，但近来亦渐有怨言，表示不喜欢经常“家庭不和”。

● 控制

以以往的经验及事实分析，认定自己仍然可以掌握整体生活：

■ 成绩只影响儿子的情况，对我没有影响；

■ 我们一家仍如常地生活，生活质素没有受到影响。

● 来源

以事实确认，事件不完全是由自己造成的：

■ 以往他的表现中规中矩，我的教育方式不存在明显的问题；

■ 我认识的朋友也面对类似的问题；

■ 师资、课程、教育制度及朋辈都影响他的学习态度。

●责任

提醒自己，无论事情的成因何在，自己都有责任改善现状：即使学业问题并非我一手造成，但我仍有责任去协助儿子面对考验。

●范围

以客观态度分析，事件只影响自己生活的一部分：

■即使他的成绩欠佳，最终对我们生活的影响也有限；

■我仍可以如常地留意身边的事物，与良朋共聚及参与有益身心的活动；

■亲子只占我生活的一部分，我的生活中还有其他亲朋。

●时间

客观分析证明，事件对自己只会带来短暂的影响：

■儿子成长问题对我带来的影响是暂时的，待他完成学业并进入社会后我便能恢复自由；

■我有各种解决儿子问题的方案，因此问题很可能是短暂的；

■只要我不要夸大儿子问题的影响，我的心情是不会长期受影响的。

4. 如何培养正面内心对话

尝试在“正面形容词一览表”中找出符合你日常表现的正面词汇，然后配上“我是……”在心里面读出来，看看效果怎样。若你感到自然，你便较容易将这些话应用在日常生活中，经常提醒及鼓励自己；若你感到不是味儿，你便要反问自己选择这些自评的词汇是否有事实根据；若你肯定的话，便不要犹豫地再次将这些句子诵念，直至你感到自然为止。你亦可以参考以下的例子学习以正面的语句代替负面语句帮助自己，若你希望帮助自己克服不合理的自卑及自责心理，便需要持之以恒地进行这些练习。

表3.6　消极负面的自我陈述

消极负面的自我陈述	积极正面的自我陈述
为何偏偏选中我？	如何避免这件事再度发生？
我真是蠢到不可救药了。	我仍有很多地方需要学习。
这件事太难，我一定做不成。	世上无难事，只怕有心人。
遇到这次意外算自己运气不好。	我可以从今次意外中学到……
看人家多厉害，我怎么就学不会呢？	我可以从他身上学到什么呢？

续表3.6

消极负面的自我陈述	积极正面的自我陈述
在这样的家庭长大，我的性格想没有问题都好难。	我从家人身上学到……
我有好多缺点都好难改变的。	我最大的优点是……，我可以把握机会发挥自己的优点。
我还是没有把握。	凡事尽力而为吧！
我最不喜欢的人是……	我最欣赏的人是……
我对自己没有信心，不想自暴其丑。	我要给自己多点挑战，争取更多成功的经验。
为什么最近听到的都是坏消息。	最近有好消息，就是……

5. 如何回应好消息

这个练习的目的是帮你学习对好消息做出积极及建设性回应。良好的沟通是良好人际关系的基础，特别是在亲子及婚姻关系方面，而其对个人的情绪及心理健康也十分重要。Shelly Gable 的研究发现，我们如何与其他人谈论带有正面信息的事件比处理冲突更能预测关系的发展，结果显示人是十分重视身边的亲朋是否能与自己分享成功或愉快的经验的，正面的回应不单对关系的发展十分重要，对个人的自我评价及心理健康也同样有举足轻重的影响。（见表3.7、表3.8）

● 案例一：同事刚接到通知获升职加薪

表3.7　回应

回应	积　极	消　极
建设性	以愉快雀跃的心情及直接的目光对同事说："真是一件喜事，我为你感到骄傲，我知道升职对你是一件重要的事，我们应该好好庆祝一下。"	以平和的声调对同事说："真是一件喜事。"
破坏性	带有忧虑的眼神对同事说："这样就好辛苦，可能会有好大工作压力，整天要加班，少了时间陪家里人。"	无精打采地说："那我们星期五晚有什么节目？"

● 案例二：儿子回家对你说自己在本学期获得进步奖

表3.8　回应

回应	积　极	消　极
建设性	以愉快雀跃的心情凝视着他说："我听到这个消息好开心，这个奖肯定你这个学期付出的努力没有白费，其他人知道的话都会好开心。"	以平和的声调说："好呀，多多努力呀。"
破坏性	带有鄙视的语气："没有什么大不了，不要以为自己真是好棒。"	若无其事地说："今晚做完功课不要看这么久电视啦。"

3.2.5 第五式："为善最乐"理念

行善是一种利他（altruistic）行为，学者对人是否能有完全无私的表现有不同见解。部分学者认为，人本质上所做的一切都以个人利益为大前提，如渴望得到别人的称赞、获取将来的回报、满足个人的英雄感或减少被别人指责为无情等。部分人可能因目睹别人身陷困境而产生不安，尝试在帮助别人的过程中降低这些负面情绪。亦有学者认为，人的利他行为的主要动力，源于对人产生的同感（empathy）。从事有关研究的学者Daniel Batson认为，人的利他行为与同感能力有直接关系，他相信人性中存有无私的利他成分。

同感是能对别人的感受有所理解及感应，它不单是明白对方的感受，也包括具有有效传达这份感受的沟通能力。虽然人具有同感的潜质，但其发展却受经验制约。研究人员发现，幼儿在2岁半的时候，同感就受到父母管教的影响：一部分会对别人的感受做行动反应；一部分只能表达关注却缺乏行动；还有一部分会对别人的痛苦产生负面反应，如离开正在哭泣的同伴儿或对其表现出侵犯的行为。

人大部分通过身体语言沟通。跨文化研究发现，那些最能从别人的表情动作理解别人感受的人，不仅最能受到欢迎，而且情绪也最稳定。人的道德观念被认为源于能分担受害人的感受，而同感，则导致人对别人的关怀。缺乏同感不单使我们难以理解别人，也使我们难以欣赏周围的事物。与生俱来缺乏同感能力的人，更会用扭曲的思想去支持自己伤害别人，这最常表现于强奸或儿童性侵犯的罪犯。因而，在处理这些罪犯时，往往需要协助他们明白受害者的心声，如播放受害人声泪俱下的录音或录像，同时要他们回答有关受害人的感受。同感能使他们离开自己充满歪曲思想的世界或幻想，这些训练被发现可以大大减低性侵犯者重犯的机率。

在其他有关利他行为动机的研究中，学者提出利他行为的个体差异性，可能反映个体性格或道德发展的差异。如在不同环境中或针对不同对象，均有利他行为表现的人，拥有较强烈的利他性格特质、较高的道德理解力或内化的社会价值观。而Dawes发现，那些利他表现较受环境因素影响的人，在与其所属群体（in-group）成员商讨时，更乐于以群体利益为依归，将金钱分配给所属群体，但其对其他群体（out-group）的反应则不受他人意见的影响。这一结果显示，人的利他表现与个人在群体中的身份认同有密切关联。

Staub及Schwartz强调价值观对正面社会行为的重要性。他们指出，人的善行受不同价值观的支配。在他们看来，个人主义（egoism）——提升个人利益；利他主义（altruism）——提升他人利益；集体主义（collectivism）——提升所属群体利益；原则主义（principlism）——倡导道德原则。这些价值观是可以并存且发挥互补作用的，关怀其他人也可以同时提升个人的价值，达到利己利人的目的。但若在特殊情况下实践这些原则，则有可能出现彼此排斥现象，因而需要在这些价值观中取舍。例如在决定帮助某朋友的过程中，自己需承担颇大的金钱及名誉风险，同时会遭受家人的反对，因而便要权衡轻重。学界对这些冲突情况亦有所研究（Batson, Ahmad, *et al.*, 1999; Batson, Batson, *et al.*, 1995; Batson, Klein, Highberger, & Shaw, 1995）。

当我们发现亲人有问题时，往往希望自己能够对其有所帮助。但若我们帮助的方式侧重于改变对方，则不但不能改对方，而且可能失去对方的信任。若我们能使别人感到被了解且能得到鼓励，他们则会自然地受我们影响。行善的最大动力，在于助人过程中产生快乐。而要达到助人为快乐之本的目标，则需要留意以下情况：避免与别人的善行作比较；不要过分介怀对方的反应，如对方有否表达欣赏或谢意等；量力而行，适当运用个人资源，包括时间、金钱、“心力”等；掌握基本沟通技巧，聆听及了解对方需求；对其保持善意和信任态度。

3.2.6 第六式：“常怀宽厚”理念

1. 宽恕的研究结果

宽恕是对不公正行为做出的道德回应，是以宽容抑制仇恨或报复之心。宽恕是爱，可以令他人改进。宽恕不是忘记、否定、责备，亦不是求公道或讨赔偿。宽恕是放下仇恨或报复之心，即使这是做过坏事的人所应得的；宽恕是送上仁慈、宽宏和爱，即使这是做坏事的人所不应得的。宽恕的主要特点是，确保我们不会为愤怒和报复之心所支配。有一点必须明白，我们或许无力控制令自己受到伤害的行为，但是如何响应他人的负面行为，则是我们可以做出选择的，其效果也是我们意想不到的。

报复心理是潜藏在人类心中已久的一种极端负面的情绪，不同文化的历史皆以显著的篇幅记载着人类彼此仇杀的事件。古语云，“冤冤相报何时了”，当人互相伤害或侵略时，优势方往往低估对手所遭受的伤害，而当弱势方做出反击时，优势方也会认为对手采取的手段过于激烈。因而，会再度还以颜色，如是恶性循环往复，伤害则不断加深。

研究宽恕的学者普遍认同Enright及Coyle（1998）提出的观点，即宽恕并非视对方的过犯为无罪（pardoning）、将错误合理化（condoning）、找寻借口（excusing）、忘记（forgetting）或否认（denial）个人所受的伤害，而是宽恕地对其行为从反应、性格特质或关系性质三个层面加以分析。在反应方面，宽恕是指当事人从受害者的思想形态、情绪及行为模式中改变过来；宽恕亦可理解为一种性格特质，即常怀宽厚的人较怀怨的人有较多的正面情绪经验、较少重复思想及自我中心表现，他们亦会有较少敌意（hostility）及神经质（neurotic）；宽恕表现与关系性质有很大程度的关联，如在和谐的婚姻或家庭关系中，成员较重视彼此包容的态度并乐于以宽恕维系良好关系，在其他情况下，如充满张力的家庭或重视制约的组织架构中，个体做出违规行为往往会难于获得他人的接纳。

Enright及Gassin于1990年代提出的关于宽恕的认知发展理论，在将宽恕发展过程与Piaget的发展认知理论、Kohlberg的道德发展理论做了比较后认为，按不同发展阶段，宽恕可依次分为报复式宽恕（revengeful forgiveness）、补偿式宽恕（restitutional forgiveness）、期盼式宽恕（expectatinal forgiveness）、法律式宽恕（lawful expectational forgiveness）、社会和谐（social harmony）及以爱为本的宽恕（forgiveness as an act of love）等。而由有关理论引申而来的宽恕的重要元素包括：伤害或侵犯行动引致他人情绪或身体受损，以上行动带来关系破裂，行动被终止，受害者努力全盘检视引致受伤事件，以理解事件始末，放弃采取报复或补偿式行动，重新检视关系复原的可行性。

学者对于犯事者是否需为过犯表示悔意才能达致完满的宽恕有不同的立场。部分学者认为，宽恕与复合应被视作互不关联的概念。此外，宽恕与个人成长的关系在学术界也未有定论。

宽恕表现与个人性格因素有关。研究（Maltby, Day, & Barber, 2004）发现，在性格的5个基本因子（big five factor）中，宽恕与情绪稳定性（emotional stability factor）及外向性格（extraversion factor）有密切关系。具有这些性格特质的人拥有较佳的应变能力及心理健康质素。相对而言，难于宽恕的人，情绪偏向焦虑、忧虑及波动。Maltby与其同事还发现，这些人有重复愤怒思想（anger rumination）倾向，即让对愤怒事件回忆、反思、报复念头及成因寻索，反复盘旋于脑海之中。对愤怒事件的回忆，使人特别难于宽恕自己而产生的报复念头，则直接影响对别人的宽恕。

研究显示，随着年龄的增长，长者明显较成年人及青少年易于宽恕别人，这个现象可以用人的道德发展理论加以解释。根据Kohlberg道德发展理论，人在年幼时期往往认为，当别人犯错时，采取报复手段较合乎公平原则；进入青少年期后，伴随社会价值的内化过程，他们会在外在压力下宽恕对方；而随着年事渐高及人生智慧累积，部分人可以再攀上更高的道德发展阶梯，在追求社会和谐及无条件付出爱的大前提下真诚宽恕他人。

近年关于家庭问题治疗的研究，亦开始留意宽恕的重要性。在临床工作中，治疗师发现，家人往往在亲人弥留之际方能冰释前嫌。这一现象让我们相信，无论家人彼此间的伤害有多么深刻，宽恕也并不像一般人印象中的那么难以达致，特别是经过专业辅导员的协助，家人间的怨恨是可以按照有效步骤得到适当处理的（Diblasio, 1998）。Worthington, Jun（1998）提出empathy-humility-commitment model认为，同理心、谦逊及承担，是宽恕家人的3个重要元素。

2. 宽恕他人的阶段

■发现阶段：受害人感到受屈，心里充满愤怒，甚至怀有恨意，随着愤怒和其他负面情绪的宣泄，伤痛开始复原。

■决定阶段：受害人认识到继续为所受的伤痛对曾经伤害自己的人耿耿于怀，只会带来更多不必要的痛苦，因而开始认真考虑改变态度。就这个阶段而言，最重要的一步就是放下报复的念头、感觉或意图。

■宽恕阶段：在这个阶段里，受害人开始积极主动宽恕曾经伤害自己的人，其中可能包括从新的角度看对方，受害人会尽力了解曾经伤害自己的人的童年生活，或感受他当时所受的压力，因而可能已经做好准备，以克制、宽宏和仁爱的态度向曾经伤害自己的人表示友好，但不一定要与他和解；而受害人向对方表示友好时，亦应考虑当时彼此之间的信任和安全事宜。

■深化阶段：受害人逐渐发现宽恕曾经伤害自己的人除

可令自己释怀外，亦可从曾经的痛苦中发现意义，从而更体恤自己和他人，发现生命的新意义，并更积极主动地关心社会。受害人发现宽恕背后的道理，即只要我们愿意付出，以克制、宽宏和仁爱态度待人，便可治愈所受的伤痛。

3. 宽恕他人的步骤

■清楚知道自己对所发生一切的感觉，并能够说出这种情况是不妥当的，因而会向信任的人讲述自己的经历。

■对自己作出承诺，做一切让自己好过点的事。宽恕是为了自己而不是为了别人。

■理解宽恕不等于与伤害你的人重修旧好，或者忘记他的行为，宽恕是为了追求平和的心境，宽恕可解释为“少一些责怪伤害自己的人，少一些为自己的经历感到不快，将自己怨愤的心态转化为平静的释怀”。

■承认自己的伤痛主要来自自己现在的感觉及思想，而不是2分钟或10年前使你感到不快的事情。

■集中精力去寻找正面的目标，寻找各种途径去争取你想要的东西。与其沉湎于伤感情绪，使伤害自己的人可以继续伤害你，倒不如放开怀抱，学会在身边寻找爱、美和善。

■重新演绎自己的经历，提醒自己已勇敢地选择了宽恕。

3.2.7 第七式："天伦情话"理念

1. 健康家庭生活模式

每个家庭都有其生活模式。研究家庭的学者发现，虽然家庭问题的成因及形态往往千变万化，难于一概而论，但健康快乐的家庭却往往有一些共同的特质。学者Stephen Covey对成功人士的研究发现，成功的家庭都拥有一些特点，即其所归纳的7个习惯，积极进取、目标为本、要事为先、立己立人、知彼知己、集思广益及好学不倦。"家庭快乐七式量表"，便是针对这7个要素设计的问卷。问卷结果有助于我们了解被评估家庭的优点及需要改善之处，若结果不理想也不必过分忧虑，因为发现家庭的优点并以其作为改善家庭的动力，是问卷的根本目的。

●积极进取

积极进取指的是为自己及家庭福祉采取负责任的态度。当家庭出现问题时，人常倾向于埋怨家人而忽略自己的责任。但真正成熟的做法却应该是，主动承担改善现状的责任。当我们勇于承认自己所犯的错误，停止向家人发泄不满情绪时，我们便向改善迈进了一步。进取精神并不保证行动有理想结果，但会增加成功的机会并为其家人树立起良好的榜样，让其他家庭成员感受同心合力的力量。情绪处理是影响家庭关系的一项重要因素，当家人的情绪控制我们的理智时，我们便要努力按下“停”掣。积极而言，处理家人情绪最有效的方法，乃是建立良好关系。这些方法包括：

■安排时间关心家人需要；

■向家人表达爱意，让他们感受被重视；

■花心思安排活动，让家人感受家庭温暖；

■与家人保持沟通，以维持良好关系；

■不断提醒自己不要因其他事务影响与家人的关系；

■加倍留意发生在家人身上的好事，而非发掘他们的问题；

■经常留意家人的不同之处，用最适当的方法关心每一个人。

以上做法，都可以增加我们在家人开设的“感情账户”（emotional bank account）存款。“感情账户”是一个分析家庭成员关系的量度工具，如果持续和主动地安排有利关系建构的活动，我们与家人的关系便会如存款一样不断增加；反之，我们的关系会不断减少，到最后关系破裂（“感情账户”透支）。有助关系建构的基本态度可被归纳为5类。

表3.9　有助关系建构的基本态度

态度	表达方式
仁慈	感谢及客气地说话，拥抱，亲切眼神，温柔语气
认错	为自己伤害对方的言行认真道歉
忠诚	不在家人背后说不是，谈及他人时如同对方在场
承诺	多做承诺及付诸实行
原谅	不重提过往的过错，重新接纳及肯定家人的重要性

对于亲子关系而言，我们在教养过程中亦会采用“存款”及“支出”方式。“感情账户”的变化反映关系的起伏，当“存款”类别的活动出现频密时，关系便十分和谐；相反，当“支出”类别的活动占主导时，关系便会紧张。若出现透支情况，那么所采用的方式亦开始难于产生效用。因此，关系的建构与否，往往是教养成败的关键。请参阅表3.10分析个人的亲子关系现状。

表3.10　个人的亲子关系现状

存款	睡前拥抱他，送他上学，给他选择活动的机会，专心陪他玩。欣赏他的努力，欢迎他放学回家，关心他在学校的生活，满足他身体需要，在别人面前称赞他，原谅他的过错，向他道歉，对他微笑
支出	拒绝他要求，和配偶谈论他的缺点，对他表现没精打采，体罚，恐吓，表达不满兴趣嗜好，唠叨，拿他的失败和别人相比，对他表现放弃态度，要求他认错，大声对他说话，阻止他继续进行某一活动
改善建议	你的建议是：

●目标为本

目标为本意即为家庭构思长远目标，而不是单为眼前的困难所局限或随波逐流，家庭目标的订立能为家人提供方向感，增加家庭成员的团结性及归属感。家庭目标可以用简单的文字、语句、符号或图画代表。清晰的家庭目标对于教养孩子正确的价值观尤其重要，对于预防日后出现的情绪及品行问题有很大的帮助。透过订立家庭目标，孩子可明确了解父母对家庭所做的承诺，并且乐于合作。因而，可以减少亲子权利上的冲突。

附：订立家庭目标的思考问题

1. 我们渴望成为怎样的家庭？

2. 我们一起想做什么？

3. 我们希望彼此建立怎样的关系？

4. 我们希望对方怎样对待自己？

5. 什么事情是这个家庭最重要的？

6. 我们家庭有什么长远目标？

7. 每个家庭成员有什么责任？

8. 我们处理家庭事务有什么原则？

9. 什么样的家庭会是我们的榜样？

10. 我们希望家庭对社会有什么贡献？

●要事为先

要事为先即若家庭排在我们生活的首位，我们便不要将家庭让位给其他次要的事情。时间管理的方法、技巧、工具与信息，既可以协助我们更努力地工作并把事情做得又好又快，那么也会使我们忘记什么是重要的事情。忙乱的生活及急功近利的心态，不仅使我们迷失，而且使我们与家人疏离。若以船只比喻家庭，那么需要一个“心灵罗盘”（inner compass）告诉我们按家庭的需要指引航行的方向。经验告诉我们，若父母不将时间用在建立家庭生活秩序及家人关系上，此后将需用更多时间处理家庭问题。此外，研究显示，将观看电视的时间控制在两小时以内的家庭，家庭的凝聚力及家庭成员的发展都会比花更多时间观看电视的家庭为佳。追求圆满人生虽然没有快捷方式，却有明确的道路，即家庭生活礼赞。

表3.11 家庭团聚时间等

家庭团聚时间	家人相处时间	家庭传统习惯
● 一起做出计划 ● 教导处世原则 ● 商议及解决问题 ● 家庭欢乐时光 ● 彼此做出承诺	● 平衡不同关系 ● 维系夫妇关系 ● 享受亲子乐趣 ● 鼓励手足互动	● 假期及节日活动 ● 探访亲朋 ● 一起学习 ● 家庭合作活动 ● 培养共同兴趣

家庭团聚时间安排要点是编排定期的团聚时间；选择内容是商讨重要事项、计划旅行、庆祝活动、布置家居等；以

正式或随意的方式进行；以循序渐进的方式鼓励家庭成员分享意见及感受，家长示范正面沟通方式，阻止人身攻击或冗长言论，让每个人都有表达机会。

若以正式形式进行，则应在开始时欢迎每个人的参与并简述活动内容，也可以安排热身活动。例如，邀请每个人为一件事向其他家人表示谢意，询问家庭成员是否有特别的事需要商讨，以轻松活动完成团聚。

若是随意的团聚，则可以选择在家庭成员齐集的时间进行。例如用膳或乘车中，家长询问其他家庭成员对家庭情况的关注（个别问题视乎对其他人的影响而决定是否提出讨论），然后选择其中一项要事聚焦讨论，鼓励他人表达意见，分享后做出总结并询问当事人是否满意其他人给予的建议。

●克己立人

在充满竞争的社会里，我们很容易以各种手段压制别人以达致个人目的，但若将这种方式应用于家庭，则会后患无穷。妥善的做法则是立己立人，其背后的精神是，相信人与人之间无论互动或共事，均可达致双赢结果。应用在家庭情境中，便是家人在处理家庭事务及关系时的共同努力可让所有人的需要都得到满足，没有人感到受其他人威胁。积极而言，家人在互相帮助并让每个人得到支持的前提下，能增加工作或学业成功的机会，并可互相分享努力的成果。以立己立人的态度解决彼此的分歧，可采取以下步骤：

- 从对方立场理解问题；
- 判断重要事项及关注；
- 决定什么是对方能接受的方案；
- 构思不同方案以达至共同接纳的结果。

●知彼知己

彼此了解是家庭和谐的基础，而缺乏相互了解及接纳，是家庭不快乐的根本原因。家庭问题之所以难以解决，最大的困难并不是缺乏解决问题的动力，而是缺乏互相理解。其中的一个重要原因是大家习惯将自己的经验强加给别人，将对方定型、急于判断对方的对错乃至改变对方。即使对方有需要改善的地方，在沟通上也会忽略应有的态度及策略，如此则不但不能改变对方，甚至会失去对方的信任。父母的严厉责罚或威胁，往往并不能带给孩子持久的良好表现，而当家人感到被了解及得到鼓励时，他们便会自然地受影响。

繁忙的生活，往往使许多人缺乏耐性与家人认真地沟通，以致他们难于理解家人的需求与愿望，结果是造成对方沮丧及难过，进而影响夫妻及亲子关系。许多人不习惯于沉默，因而在沟通时专注于应对，而非细心聆听及观察。其实默默聆听及观察对方身体语言往往较说话更为重要，因为这样做不但能让对方觉得被接纳，而且更能全面理解对方表达的信息。家庭成员必须培养聆听、真诚及接纳的态度，努力设身处地理解对方的处境，然后才以语言表达对对方的感受，肯定对方所做的努力，而非急于提供解决问题的方法。事实上，表达个人想法或感受时准确及时发出清楚的信号，如“我好累”、“我想要休息一下”、“我好失望”或“我好开心”等，能让对方感到被信任和重视。

附：沟通障碍

1. 教训口吻，如“你应该……”、“你要……”；
2. 太快给意见及解决方法，说服对方接受；
3. 论断、批评或埋怨的口吻；
4. 不恰当地运用幽默；
5. 恐吓或反击的口吻；
6. 不恰当或经常打断对方的说话；
7. 控制话题的倾向；
8. 说话或发问太多；
9. 说话缺乏情感。

●集思广益

集思广益的底线是求同存异。从积极的角度出发，集思广益是发挥彼此的长处和差异，将不同观点和差异化力量汇聚或整合为更有影响力的观点或力量。将立己立人原则进一步拓展，让人看到合作所达至的积极成果，是集思广益的根本所在。将这一原则应用于家庭，会让家庭成员看到不同的观点及经验可以拓展视野，看到彼此间的差异可以成为家庭发展的动力，进而不再拘泥于以谁的意见为主导。要想达至集思广益之境界，家庭成员需要抱着开放的态度，让自己接受别人的影响，不视不同的意见为恶意批评或威胁。

不同意见往往反映不同的思维模式。性格类型学说的理念认为，每个人都有与生俱来的性格特质，这些特质直接影响我们接触、理解环境及事物的方式，认识这些差异可以让我们欣赏别人的不同之处，减少思想冲突。在众多的性格类型学说中，MB（Myers Briggs）十六型学说被广泛认同。这套学说由心理学巨匠荣格的性格理念演变而来（见表3.12）。如今，性格鉴定已成为现代人生活的一部分。在日常生活的对话里，我们往往会对别人的性格作出评论。若对性格鉴定有所认识，将有助于了解及欣赏每个人的特点并有效处理彼此间的差异，与其评论人的长短，不如将注意力转移到更有建设性的事情上。表3.12为MB(Myers Briggs)十六型人格的性格导向。

表3.12　MB(Myers Briggs)十六型人格的性格导向

导　向	优　　点	缺　　点
外向型 E	能运用外在环境、乐于与他人来往、开放的态度、行动派、易为他人所了解	不够独立、需要和他人共事、喜欢变化、冲动、讨厌规范约束
内向型 I	独立自主、埋头工作、沉思、依自己理想行事、不轻易以偏概全、不冲动行事	对外在环境误解、逃避他人、掩饰自己、坐失良机、易为他人误会、不喜欢被打断工作
辨识型 S	注意细节、重视实际、能记住琐碎细节、耐得住烦闷的工作、有耐性、细心、有系统	失去整体观念、想不出各种解决途径、无法应付太复杂的工作、不喜欢推测未来
直觉型 N	对事情能面面观之，以整体概念看事，富想象力，喜欢复杂工作，喜欢解决新奇问题	不注重细节、不注意实际、不耐沉闷、不合逻辑、把握不住现在、妄下断语
决断型 J	有计划、果断有决心、有控制能力、决策明快	不易妥协、没有弹性、依手边现有的少许实料做决定、任何批评均为工作计划所控制
熟思型 P	易于协调、从不同角度理解事务、具弹性和开放态度，依据可靠资料做决定，不随意批评	犹豫不决、散漫无计划，不能有效控制情况、易分心、不易照计划行事
理性型 T	合乎逻辑，善于分析，客观、公正、有组织、有系统地思考，具批判能力	忽略他人感受、误解别人、不在意和谐的人缘、不露感情、怜悯心较少、不愿说服他人
感性型 F	体谅他人感受、了解他人需要、喜欢和谐的人际关系，易表露情感，喜去说服他人	不合乎逻辑、不够客观、缺乏系统思考能力、不具批判精神，感情用事

在家庭生活中践行集思广益的要点：

■培养家庭免疫系统（family immune system），家庭成员的问题被视为免疫剂，迫使我们构思新方法回应挑战，健康的家庭免疫系统能有效抵御家庭生活的破坏者——批评、投诉、比较及竞争；

■伴随家庭生命周期出现的事件，如家人的生老病死、家庭经济条件的起伏、家庭成员的离合、各自发展所形成的生活及思想差异，为其提供了人生的学习课题，若有家人在调适过程中出现问题，便会出现批评、投诉、比较及竞争等不良反应；

■通过建立家庭礼赞——家庭团聚时间、家人相处时间及家庭习惯，各种发生在家庭中的挑战都可以全面而有步骤地得到化解。

●好学不倦

好学不倦的精神让家庭能持续发展，减少外在环境变化对家庭带来的冲击。学习型家庭（learning family）的观念，便是倡导家庭成员共享学习乐趣，协助家人实践终身学习目标。学习型家庭有助成员的性格更趋成熟，拥有较佳的学习能力、适应能力与竞争优势，进而解决各种生活困境与挑战。学习活动包括个人学习、反省与改变，而通过家人共同进行的活动，使家人有机会尝试各种不同经验与解决问题的方法，强化及扩充个人知识与经验，增强家庭适应与革新能力。借助家庭成员共同学习，个人得以不断突破自己的能力上限，全力实现愿景，创造共同向往的结果。学习型家庭有七大特征。

（1）持续不断学习——家庭成员通过不断学习，强化适应与发展社会所需要的能力，为面对生活挑战奠定良好的基础；

（2）亲密合作关系——家庭成员在个人发展与社会成就上，能相互分享、相互支持，增加家庭“情感账户”的储蓄，营造温馨幸福和谐气氛；

（3）彼此联系网络——家庭成员互相进行有效沟通，而传统式家庭沟通，则表现为子女皆需要通过母亲才能与父亲沟通，或是以不同态度对待不同成就的子女；

（4）集体共享观念——建立家庭荣辱与共的意识，家庭成员共同创造良好的家庭形象，努力争取整体提升机会，建立家庭的共同愿景；

（5）创新发展精神——家庭成员具有积极创新精神，主动研究发展新的互动模式（挑战男主外、女主内的角色框架）、营造创意家庭生活格调，并与社区、社会等家庭外的团体维持开创性关系；

（6）系统思考方法——家庭成员学习系统思考能力，并将其应用在家庭事务的处理上；

（7）建立知识宝库——学习型家庭肯定知识的价值，从学习中找出有价值的信息，创造出利于生活的知识，进而发展使生命有意义的智慧。

学习型家庭，对于孩子而言，能促使其自信，勇于接受挑战；对家长而言，则可以提供反省、学习及成长经验，重新肯定家庭的重要性；对于家中长辈而言，则能让他们有参与的机会，拉近代际的距离，让长者享受终身学习的好处。整体而言，学习型家庭有助孕育身心健康的个体，使家庭走上健康之路，建立良好的社会根基。

附录

附录一　“全人乐·乐传人”项目顾问罗泽全先生简介

罗泽全，1987年毕业于英国雪莱大学，1994年获香港大学临床心理学硕士学位，随即进入香港社会福利署工作；香港心理学会注册临床心理学家、香港中文大学及香港大学临床心理学荣誉导师，曾担任香港心理学会临床心理学组秘书及副主席。

除心理辅导外，罗泽全亦为学前康复机构提供咨询服务。自2005年开始于黄大仙及西贡区开展快乐教练培训，同期于大专院校、非政府机构、社会服务联会、社会工作人员协会及医院进行员工培训，著有《快乐教室》及《快乐DIY推行手册》。

附录二　正向心理学本土化初探

发源于美国的正向心理学，以西方文化为根基，是否适应中国环境，本身就是一个十分值得关注的课题。为此，我们在10月20日的分享会上进行了一次由开放式问题所主导的简单调查。其中收回问卷44份，回收率为56%。

从回收的问卷来看，项目参与者对正向心理学的快乐招式，在总体上持赞赏态度，其中最受欢迎者则是其中的感恩、赞美、天伦情话等手法的应用，而积极、正面的价值观则构成了这些手法的依托。就个人层面而论，正向心理学不仅可以让人检视自己的价值观，而且也可以让自己体味快乐生活，享受人生，改善人际关系，缩小人与人之间的距离。就应用层面而论，由于正向心理学具有较强的操作性，因而其服务的接受者在参与集体活动、小组活动或讲座后，或多或少都有积极的正面反应。同时参与者也明确认识到，将该理论与中国传统思想相融合，促使其本土化，是项目实施过程中社工应该积极关注的至关重要的问题之一。所回收的问卷相对比较一致地认为，为建立服务对象积极的人生观，正向心理学值得在内地推广。

附录三 "全人乐·乐传人"培训工作坊作业

目 录

个人反思——我快乐吗？

在你参与快乐教练进深课程的训练阶段，请按以下问题反思个人现况：

A.你认为什么是快乐或生活满足感？

B.当你感到快乐时，你如何察觉自己是真实体验到了快乐？

C.写下十项使你感到快乐的经验

1.

2.

3.

4.

5. ______________________________

____

6. ______________________________

____

7. ______________________________

____

8. ______________________________

____

9. ______________________________

____

10. ______________________________

____

D.当你感到愉快及满足时，你会有什么表现？

____

____

____

测验一：正向及负向情感量表

本量表包含各种与情感有关的词汇，请按你今天／过去一年（选择一项）的情况选择适当的答案。

序号	情感词汇	完全没有	甚少	偶尔	颇多	经常	正向情感	负向情感
1	有兴趣	1	2	3	4	5		
2	受压	1	2	3	4	5		
3	兴奋	1	2	3	4	5		
4	难受	1	2	3	4	5		
5	坚强	1	2	3	4	5		
6	内疚	1	2	3	4	5		
7	受惊	1	2	3	4	5		
8	敌视	1	2	3	4	5		
9	热心	1	2	3	4	5		
10	骄傲	1	2	3	4	5		
11	易怒	1	2	3	4	5		
12	警觉	1	2	3	4	5		
13	羞耻	1	2	3	4	5		
14	被启发	1	2	3	4	5		

续上表

序号	情感词汇	完全没有	甚少	偶尔	颇多	经常	正向情感	负向情感
15	不安	1	2	3	4	5		
16	决断	1	2	3	4	5		
17	专注	1	2	3	4	5		
18	不知所措	1	2	3	4	5		
19	活泼	1	2	3	4	5		
20	害怕	1	2	3	4	5		
总分:								

评分指引	低 ←—— 中 ——→ 高	
正向情感	10....15....20....25....30....35....40....45....50	
负向情感	10....15....20....25....30....35....40....45....50	
	低	高
正向情感	哀伤，麻木	充满力量，愉快投入
负向情感	冷静，平和	各种不适情绪状态

E.根据“测验一：正向及负向情感量表”的结果显示，你现时是否经常经历愉快人生（pleasant life）？愉快感达到什么程度？情绪病的潜在危机达到什么程度？

______

______

______

______

F.你认为自己与生俱来的情绪特质如何影响你体验愉快人生？

______

______

______

______

我要面对的恐惧来源如下：

拒绝别人	□没有	□轻微	□颇多	□严重
被拒绝或出卖	□没有	□轻微	□颇多	□严重
未来事情的变化	□没有	□轻微	□颇多	□严重
个人成长问题	□没有	□轻微	□颇多	□严重
经济困难	□没有	□轻微	□颇多	□严重
失败经验	□没有	□轻微	□颇多	□严重
建立亲密关系	□没有	□轻微	□颇多	□严重
失去所拥有的	□没有	□轻微	□颇多	□严重
被人批评	□没有	□轻微	□颇多	□严重
感情关系恶化	□没有	□轻微	□颇多	□严重
事业停滞不前	□没有	□轻微	□颇多	□严重
承担工作或感情	□没有	□轻微	□颇多	□严重

有什么因素造成我以上的恐惧感？

____

____

____

我是否接纳自己这方面的情绪表现？如未能完全接纳是什么原因？

____

____

____

有什么方法可以改善上述恐惧感？

____

____

____

测验二：幸福感评估表

5：非常像我
4：像我
3：不太确定
2：不像我
1：一点都不像我

序号	自主性	选项	正向情感（A）	负向情感（B）
1	我的决定通常不受其他人影响	5 4 3 2 1	（ ）	
2	我的决定若与人很不同，我也不会改变自己的立场	5 4 3 2 1	（ ）	
3	我十分在乎其他人对我的看法	5 4 3 2 1		（ ）
4	若我的家人不同意，我会很乐意改变自己的想法	5 4 3 2 1		（ ）
5	我不会因为其他人的压力而隐瞒自己的立场	5 4 3 2 1	（ ）	
6	我不会为取悦别人而勉强自己依从别人的要求	5 4 3 2 1	（ ）	
7	对于富争议性的话题我往往感到难于表态	5 4 3 2 1		（ ）
8	我很容易受一些立场强硬的人影响	5 4 3 2 1		（ ）
9	我有清楚的原则衡量自己的表现	5 4 3 2 1	（ ）	
10	我很少咨询权威人士协助我作重要的决定	5 4 3 2 1	（ ）	
	项目分数	A-B+24=		

续上表

序号	生活目标	选项	A	B
11	我没有时间计划将来	5 4 3 2 1		(　)
12	我经常努力工作让梦想实现	5 4 3 2 1	(　)	
13	别人认为我是一个精于时间管理的人	5 4 3 2 1	(　)	
14	我不太清楚自己的生活目标	5 4 3 2 1		(　)
15	当我有具体计划时，我必定悉力以付	5 4 3 2 1	(　)	
16	我认为人生目标很多时候都只是一些不切实际的口号	5 4 3 2 1		(　)
17	我感到难于安排活动让自己生活满意	5 4 3 2 1		(　)
18	我现时生活方式已切合我的需要，不需任何改变	5 4 3 2 1		(　)
19	无论工作如何繁重，我都可以将不同工作安排妥当	5 4 3 2 1	(　)	
20	我不会容忍自己漫无目的地生活	5 4 3 2 1	(　)	
	项目分数	A-B+30=		

续上表

序号	个人成长	选 项	A	B
21	我很少主动参与一些与个人成长有关的活动	5 4 3 2 1		( )
22	随着人生经验累积，我感到自己越来越懂人情世故	5 4 3 2 1	( )	
23	当扪心自问时，我发现自己的个人成长十分缓慢	5 4 3 2 1		( )
24	我认为每个人都需要寻找新体验	5 4 3 2 1	( )	
25	我十分满意现状，没有需要作出任何改变	5 4 3 2 1		( )
26	“江山易改，品性难移”这句话是有一定的道理	5 4 3 2 1		( )
27	我认为生命是一个学习、更新及成长的历程	5 4 3 2 1	( )	
28	我不大投入社区生活，甚少参与志愿机构的活动	5 4 3 2 1		( )
29	我很久以前已放弃尝试对自己的生命做出重大改变	5 4 3 2 1		( )
30	其他人都颇欣赏我不断挑战及突破自我的精神	5 4 3 2 1	( )	
	项目分数	A-B+36=		

续上表

序号	良好关系	选　项	A	B
31	我没有太多知心朋友	5 4 3 2 1		(　)
32	我享受与家人及朋友聊天	5 4 3 2 1	(　)	
33	我经常感到孤苦伶仃，找不到可以倾诉的对象	5 4 3 2 1		(　)
34	其他人形容我是一个乐于分享的人	5 4 3 2 1	(　)	
35	我认为自己较一般人缺乏朋友	5 4 3 2 1		(　)
36	大部分人都视我为可信任及亲切的人	5 4 3 2 1	(　)	
37	对我来说，维持密切的关系是一件吃力的事	5 4 3 2 1		(　)
38	我和朋友都能从心底里互相关怀	5 4 3 2 1	(　)	
39	我过往甚少经历到亲切及互相信任的关系	5 4 3 2 1		(　)
40	我对人际关系能提升生活素质的说法有所保留	5 4 3 2 1		(　)
	项目分数	A-B+36=		

续上表

序号	自我接纳	选　项	A	B
41	我愿意承认自己所犯的错	5 4 3 2 1	(　)	
42	我好像没有特别的专长	5 4 3 2 1		(　)
43	完成一项工作或目标时，我会奖励自己	5 4 3 2 1	(　)	
44	我不容易接受别人的赞赏	5 4 3 2 1		(　)
45	我甚少做出比较或羡慕别人的成就	5 4 3 2 1	(　)	
46	我觉得自己被命运所左右	5 4 3 2 1		(　)
47	我相信自己已竭尽所能去积极生活	5 4 3 2 1	(　)	
48	扪心自问，基本上我不满意自己的表现	5 4 3 2 1		(　)
49	其他人认为我对批评反应敏感	5 4 3 2 1		(　)
50	虽然我曾犯错，但大体上已尽力而为及问心无愧	5 4 3 2 1	(　)	
	项目分数	A-B+30=		

续上表

序号	成就感	选　项	A	B
51	我总是感到别人的生活较我多姿多彩	5 4 3 2 1		(　)
52	整体而言，我是一个自信及懂得欣赏自己的人	5 4 3 2 1	(　)	
53	当我与朋友比较时，我总是觉得自己的条件不错	5 4 3 2 1	(　)	
54	上司/朋友对我的工作/生活表现做出正面评价	5 4 3 2 1	(　)	
55	若我能重新开展生活，我也会维持现况	5 4 3 2 1	(　)	
56	回顾过去，我发现自己没有特别的成就	5 4 3 2 1		(　)
57	我对自己的个性大致上感到满意	5 4 3 2 1	(　)	
58	若有机会的话，我希望能重新开始生活	5 4 3 2 1		(　)
59	我的生命充满值得欣慰的事情	5 4 3 2 1	(　)	
60	其他人会认为我已有相当的成就	5 4 3 2 1	(　)	
	项目分数	A-B+18=		

评分指引	低 ←——— 中 ———→ 高
自主性	10....15....20....25....30....35....40....45....50
生活目标	10....15....20....25....30....35....40....45....50
个人成长	10....15....20....25....30....35....40....45....50
良好关系	10....15....20....25....30....35....40....45....50
自我接纳	10....15....20....25....30....35....40....45....50
成就感	10....15....20....25....30....35....40....45....50

根据“测验二：幸福感评估表”的结果显示，你现时在哪方面能经历美好人生（good life）？是什么先天及后天因素使你能经历美好人生？

____

____

____

____

____

____

根据“测验二：幸福感评估表”的结果显示，你现时在哪方面未能经历美好人生（good life）？是什么因素影响你这几方面的表现？如何做出改善？

____

____

____

品格长处的发掘及应用

美　德	品 格 长 处
智慧	创意，好奇心，开放态度，好学精神，洞察力
勇气	勇敢，毅力，诚信，热忱
人道精神	爱心，仁爱，社交智慧
正义	公民责任，公平，领导才能
谦恭节制	宽宏大量，谦逊，谨慎，自制
超越自我	美善的领会，感激之心，乐观，幽默，精神修养

A. 根据www.authentichappiness.org网页上的“VIA strength tests”结果，你的最高分五项为：______________________________

____

____

B.请按测验结果反思以下问题：

（1）这些品格长处是不是反映真正的我？

（2）我在展现这项品格长处时，是不是感到很兴奋？

（3）我在运用这项品格长处时，是不是很快便能掌握到运用方法？

（4）我是不是禁不住经常找机会表现这项品格长处？

C.综合网上测验结果及个人反思以上的问题后，我认同我具备以下的品格长处：

____

____

D.我在日常生活中（如工作及家庭）运用这些品格长处的方法是：

____

____

____

E.在我担当快乐教练的角色时运用这些品格长处的方法是：

____

____

____

快乐人生家长小组

● 计划大纲

____

● 计划目的

____

____

____

____

● 招募方法

____

● 甄选学员

____

● 计划内容

____

____

● 计划评估

快乐工具

第一式：感谢与赞美

●重点

●个人经验

测验三：感恩与赞美的评估

1：极不同意；2：不同意；3：无意见；4：同意；5：极同意

评估内容	选项
在我生命中有很多事情使我感到要感恩	1 2 3 4 5
如果要将所有值得感恩的事情写下，那将会是一个很长的清单	1 2 3 4 5
当我环顾周围的环境，我会发现有很多让我感激的事物	1 2 3 4 5
我对很多人都会心怀感激	1 2 3 4 5
随着人生经验的累积，我越来越能够对身边的人及发生在我身上的事物感到欣慰	1 2 3 4 5
我很快便能够对人及事物产生感激	1 2 3 4 5

你的感恩与赞美指数是（得分界乎6～30之间）：______

□得分25～30：你的生活充满感恩与赞美的经验

□得分19～24：你的生活有颇多感恩与赞美的经验

□得分18：中立情况

□得分12～17：你的生活稍微缺乏感恩与赞美的经验

□得分6～11：你的生活极为缺乏感恩与赞美的经验

试列出使你心存感激的人

A.原生家庭：父/母/兄/弟/姊/妹/其他______________

B.家庭：配偶/子女/其他______________

C.亲戚：______________

____

D.朋友：______________

____

E.师长：______________

____

F.其他：______________

____

试列出以上人物使你感激的原因 / 事件

1. ______________

____

2. ______________

____

3. ______________

____

第二式：健康乐悠悠

●重点

●个人经验

测验四：能量管理测验

身　体	情　绪
□我并不常有7～8小时的睡眠时间，且起床时经常感到疲倦； □我经常不吃早餐，或是吃零食了事； □我没有足够运动（最低标准：每星期3次的有氧运动及1次的体能训练）； □我在日间没有短暂休息时间，中间外出午膳的时间也不足够	□我经常感到烦躁或焦虑，特别是遇到困难时； □我没有足够的时间与家人共聚，即使与他们在一起，我有时都是人在心不在； □我缺乏时间参加我享受的活动； □我很少有机会停下来认真向人表达谢意，或是回味个人的成就
思　想	**灵　性**
□我难于专注做好一件事，很容易被其他事情干扰，特别是来电或电邮； □我花很多时间处理紧急的事情，较少参与有价值及长远意义的活动； □我没有足够时间反思、计划及创作； □我经常超时工作或将工作带回家完成，放假我亦需要阅读电邮	□我没有安排足够时间让自己发挥专长； □常处于言行不一的状态，因我实际上花很少时间做我认为最重要的事； □我的决定被其他人及事所影响多于依据个人目标及理想； □我没有贡献足够时间及精力去帮助其他人或使这个世界变得更好

评分指引	总　分	情　况
0	0～3	杰出的能量控制技巧
1	4～6	理想的能量控制技巧
2		能量控制有潜在问题
3	7～10	明显的能量控制问题
4	11～16	能量控制陷入严重危机

Tips for Getting Balance in Your Life

- Negotiate change in your life
- Slow down
- Learn to better manage your time
- Avoid procrastination
- Share responsibilities
- Don't sweat the small stuff
- Explore your options
- Ask for help
- Set priorities
- Simplify!

" Life is a process, and so is striving for balance in your life" - Randal S. Hansen, Ph. D

A publication of the Wellness Center—Information from www.quintcareers.com

第三式：敬业乐业

●重点

●个人经验

要达到“神驰”的境界，我们必须在工作中寻找挑战和意义，并寻求能让我们尽展所长的体验。这不是一件容易的事，必须由个人和管理层共同努力才能达成。在个人层面，我们可以通过选择活动、订立目标、全力投入活动、留心事情的变化和享受实时的经验，把工作上的压力和沉闷转化为愉快的经历。

1.选择活动：选择一项工作活动，把这项活动视为一个富挑战性的游戏，同时提醒自己这项活动能助你达至个人成功。

■选择活动：______________________________

____

____

2.清晰目标：为这个工作活动定下最终目标及多个阶段目标，每个阶段目标都制定清晰的成功指标。

■长远目标：______________________________

■一年目标：______________________________

■两年目标：______________________________

■五年目标：______________________________

3.集中精神：确保思维不受内在或外在事物干扰，把所有注意力集中在这活动上，每次当你分心时，赶快提醒自己重返活动。

■集中精神方法：______________________________
____
____

4.提升技巧：透过进修、阅读、与资深的同事或其他方法提升个人技巧，留意技巧的提升如何让你靠近目标并使你享受活动过程。

■提升技巧方法：______________________________
____
____

5.巅峰表现：每次当你感到焦虑或枯燥时，便要通过提升技巧或增加挑战让自己处于“神驰”的上升轨道上，这种自我完善的过程最终将带你进入巅峰表现，释放你的个人潜力、创造力和活力。

测验五：生活内容分析表

生活内容	所花时间（小时/星期）	百分率（%）	发挥所长（1～10）	挑战性（1～10）
工　作				
A 工作				
B 进修				
C 亲职，照顾家人				
基本生活				
D 家务及自理				
E 食膳				
F 交通				
休闲活动				
G 传媒（电视、上网、阅读）				
H 运动、文娱活动				
I 谈话、社交活动				
J 兴趣班				
总　　计				

生活内容分析

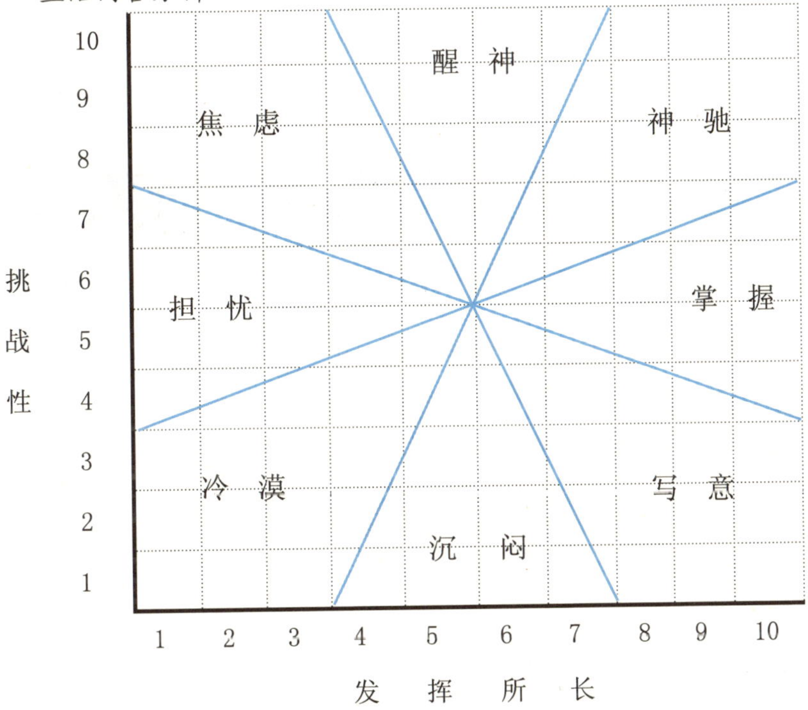

测验六：“神驰”经验评估表

5：非常像我
4：像我
3：不太确定
2：不像我
1：一点都不像我

集中能力	选　项
当我工作时，我能集中注意力而不受环境影响	5 4 3 2 1
我不喜欢在投入工作过程时被别人干扰	5 4 3 2 1
我经常留意自己是否已达到所定的工作目标	5 4 3 2 1
我能维持注意力于不同工作上	5 4 3 2 1
其他人曾向我表示我是一个安排工作很有系统的人	5 4 3 2 1
我喜欢做一些需要持续使用脑力的工作	5 4 3 2 1
我甚少遗忘完成一项工作所必备的部分	5 4 3 2 1
过往我甚少在考试中犯无心的过失	5 4 3 2 1
我是个不容易分心的人	5 4 3 2 1
我经常感到时间很快过去	5 4 3 2 1
项目分数	
自我推动	**选　项**
大部分时间我都感到充满活力	5 4 3 2 1
面对刻板的工作我也能积极处理	5 4 3 2 1

续上表

自我推动	选　项
我会为长远目标而牺牲目前利益	5 4 3 2 1
我视挑战为学习的机会	5 4 3 2 1
我相信自己有能力在压力下解决问题	5 4 3 2 1
我很喜欢解决问题	5 4 3 2 1
我相信个人努力可以带来好的结果	5 4 3 2 1
完成一项目标时，我会奖励自己	5 4 3 2 1
我不会轻易寻找别人的协助	5 4 3 2 1
十分重视工作的成果	5 4 3 2 1
项目分数	
提升技能	**选　项**
我的工作常为我带来颇多挑战	5 4 3 2 1
我喜欢选择有挑战性的工作让自己能发挥所长	5 4 3 2 1
我会主动参加进修课程以提升有关知识水平	5 4 3 2 1
我十分留意自己是否在不断进步	5 4 3 2 1
我喜欢在日常生活中寻找挑战及意义	5 4 3 2 1
我不断提醒自己迎接社会变化带来的挑战	5 4 3 2 1
我喜欢进行有挑战性的休闲活动	5 4 3 2 1
我有时难于明白为什么某些人生活得如此乏味	5 4 3 2 1
我的大部分朋友都十分欣赏我努力不懈的精神	5 4 3 2 1
整体而言，我对自己各方面的进步感到满意	5 4 3 2 1
项目分数	

续上表

巅峰表现	选　项
我十分享受每日的生活及工作程序	5 4 3 2 1
每次投入工作时，我都感到很大乐趣	5 4 3 2 1
我已为自己立下志愿	5 4 3 2 1
我经常经历到如鱼得水的感觉	5 4 3 2 1
如果有机会重新生活，我仍会选择现时的生活状态	5 4 3 2 1
我会把握机会让自己尽展所长	5 4 3 2 1
我相信自己很有机会在某方面最终能获得杰出的成就	5 4 3 2 1
我十分留意那些有杰出表现的人，并以他为榜样	5 4 3 2 1
我相信努力多于运气	5 4 3 2 1
我很有信心自己能不断开拓生活的境界	5 4 3 2 1
项目分数	

评分指引	低 ←———— 中 ————→ 高
集中能力	10....15....20....25....30....35....40....45....50
自我推动	10....15....20....25....30....35....40....45....50
提升技能	10....15....20....25....30....35....40....45....50
巅峰表现	10....15....20....25....30....35....40....45....50

第四式：嘉言善意

●重点

●个人经验

如何培养乐观思维：客观评估不如意事件的影响

不如意事件：________________

“这件事有什么会令我难受呢？”________________

____

“以上情况实际对我有什么重要影响？”________________

____

“最坏的情况会怎么样？”________________

____

“假设最坏的情况真的发生，对我自己又有什么影响呢？”________________

____

内　容	乐　观	评　估	悲　观
不如意事件成因或来源	自己造成	1　2　3　4　5　6　7	不是自己造成
对不如意事件影响的控制	不能掌握	1　2　3　4　5　6　7	仍然掌握
个人责任改善现况	没有责任	1　2　3　4　5　6　7	全部责任
不如意事件影响范围	全部生活	1　2　3　4　5　6　7	毫无影响生活
不如意事件对将来的影响	永远影响	1　2　3　4　5　6　7	短暂影响

“我对‘不如意事件成因或来源’的看法有什么事实根据？”________________________________

我对“不如意事件影响的控制”的看法有什么事实根据？________________________________

我对“个人责任改善现况”的看法有什么事实根据？________________________________

我对“不如意事件影响范围”的看法有什么事实根据？________________________________

我对“不如意事件对将来的影响”的看法有什么事实根据？________________________________

1.建立正面自我陈述的要诀。

- 清晰的目标。
- 运用第一人称的自我陈述句子。
- 将消极负面的自我陈述改为积极正面的自我陈述。

■以肯定的句子表达（“我是…”）而不是“我会…”或“我应该…”。

■运用简短有力的句子。

■你必须真心相信你所写的。

■运用激励及振奋人心的词语。

■将句子写在卡纸上，以不同颜色卡纸代表不同的范围。

■尽量选择睡前或起床的时间，反复阅读这些句子。

■以开放的心灵期待目标最终达至。

2.写下你在日常生活中经常出现的负面自我陈述句子，然后作出修改。

消极负面的自我陈述	积极正面的自我陈述

3.在未来一个月当其他人与你分享好消息的时候，争取机会做出积极及具有建设性的响应，如果你发现自己的实时响应未能达到理想效果，尝试预先构思及稍作练习。请写下你对好消息的回应所做出的检讨。

好消息	我的回应	是否积极及富有建设性?
		□是　□否
		□是　□否
		□是　□否

4.整体而言，你认为你的回应是否积极及具有建设性？如何做出改善？

____

____

____

____

____

____

测验七：逆境思维模式评量

这份问卷让你更了解自己在某一特定范围如何思想及行动，请以第一个反应为答案，不需浪费时间猜测答案的意义或理想结果。在做逆境反应评量表时，必须绝对诚实。若你发现自己对任何问题或反应感到迟疑时，就表示你已经过度思考了。为让评量达到最佳效果，你最好找一个可以不受干扰的地方，花10～15分钟完成评量表。请记住，这份评量是为你而做，内容也是关于你自己，关于你的工作环境，是提升你效能、表现和幸福的关键。试想象下列事件为真，会发生什么样的结果，圈选你的答案。

测试一：控制挫折(C)	感到无能为力的情况		……		感到十分有把握控制情况
同事对你提出的要点没有反应，你会	1	2	3	4	5
你和伴侣（或亲人）起了激烈的争执，你会	1	2	3	4	5
你的伴侣（或亲人）在你生日那天没有表示，你会	1	2	3	4	5
你的亲友得了重病，你会	1	2	3	4	5
你错过了航班，你会	1	2	3	4	5
你负责的工作计划失败了，你会	1	2	3	4	5
你的雇主要减你三成月薪，否则另谋高就，你会	1	2	3	4	5
在身体检查时，医生特别提醒你注意健康，你会	1	2	3	4	5
你就读的课程考试成绩欠佳，你会	1	2	3	4	5
你期待已久的升职仍未实现，你会	1	2	3	4	5
总计					

续上表

测试二A：挫折归因(Or)	和我有关		……	其他因素有关	
同事对你提出的要点没有反应，原因	1	2	3	4	5
你的伴侣在你生日那天没有表示，原因	1	2	3	4	5
你错过了航班，原因	1	2	3	4	5
你的雇主要减你三成月薪，否则另谋高就，原因	1	2	3	4	5
你期待已久的升职仍未实现，原因	1	2	3	4	5
总计					
测试二B：责任感(Ow)	一点也不需负责		……	必须负责	
你和伴侣或亲人起了激烈的争执，你觉得这件事	1	2	3	4	5
你的亲友得了重病，你觉得	1	2	3	4	5
你负责的工作计划失败了，你认为自己	1	2	3	4	5
在身体检查时医生特别提醒你注意健康，你认为	1	2	3	4	5
你的考试成绩欠佳，你认为	1	2	3	4	5
总计					

续上表

测试三：影响范围(R)	事件将影响各方面		……		影响只限于此事件
在会议中，其他人对你的报告反应冷淡，你认为	1	2	3	4	5
你和你所爱的人隔膜越来越深，你认为	1	2	3	4	5
上司要求你派驻外地，否则饭碗不保，你认为	1	2	3	4	5
别人拒绝让你参与重要工作，你认为	1	2	3	4	5
你所敬重的同事批评你，你认为	1	2	3	4	5
你的亲人患有癌症，你认为	1	2	3	4	5
你最近的投资未如理想，你认为	1	2	3	4	5
你开车上班中途发生机件故障，你认为	1	2	3	4	5
你的家庭医生告诉你你的胆固醇过高，你认为	1	2	3	4	5
你连续致电数次给某朋友但却没有回复，你认为	1	2	3	4	5
总计					

续上表

测试四：持续性(E)	永远存在	……		短暂存在	
在会议中其他人对你的报告反应冷淡，背后原因	1	2	3	4	5
你和你所爱的人隔膜越来越深，造成隔膜原因	1	2	3	4	5
上司要求你派驻外地否则饭碗不保，被派驻原因	1	2	3	4	5
别人拒绝让你参与重要工作的原因	1	2	3	4	5
你所敬重的同事批评你的原因	1	2	3	4	5
你的亲人患有癌症的原因	1	2	3	4	5
你最近的投资未如理想，原因	1	2	3	4	5
你开车上班中途发生机械故障的原因	1	2	3	4	5
你的家庭医生告诉你你的胆固醇过高，原因	1	2	3	4	5
你连续致电数次给某朋友，但却没有回复，原因	1	2	3	4	5
总计					

逆境商数评分指引	低AQ ←—————————— 中 ——————————→ 高AQ
控制挫折(C)	10....15....20....25....30....35....40....45....50
挫折归因(Or)/责任感(Ow)	10....15....20....25....30....35....40....45....50
影响范围(R)	10....15....20....25....30....35....40....45....50
持续性(E)	10....15....20....25....30....35....40....45....50
总分	40....60....80....100....120....140....160....180....200

●结果分析

■高AQ（178～200）：若你的得分在此范围，你经常都能顺利克服大大小小的逆境。你的挫折往往历时很短，而且范围有限，你能面对困难反应灵活，能轻松解决问题，大家都欣赏你不屈不挠而乐观的态度而乐于与你共处。你当然还有进步的空间，再反思自己可以改善的地方，并且将你的经验与其他人分享。

■中高AQ（161～177）：这个范围的AQ得分意味着你在

面对挫折困境时，已经比一般人高明。你能以坚毅精神面对大部分的困境和挑战，但不断的一个接一个的打击依然教你不知所措。若能再加以改善，你应能更能灵活应变，接受更大的挑战。

■中AQ（135～160）：大部分人都落在此范畴，这意味着你能面对大部分的难题，但若逆境接二连三发生，让你疲于奔命，就很可能使你灰心丧气。你可能有时候会意志消沉，但若加以改善，就能让你找到新力量，更坚强地面对挑战。

■中低AQ（118～134）：若你的得分在这个范畴，表示你应可以顺利处理某些挫折，但若环境太复杂混乱，你就可能受了不必要的折磨。你需要加强个人面对逆境的能力，以免给你及身边的人造成负面影响。

■低AQ（117以下）：不要绝望！这只是说明了为什么你的人生如此坎坷，难关为什么如此之多。但这也让你有好的起始点，随着你抗逆能力不断增强，你会重新看待你的人生经历。提升你的抗逆能力，让你有改头换面的机会，因为你发现了自己的潜力，亦从其中获得了无比的乐趣。

●改善建议

第五式：为善最乐

●重点

●个人经验

●如何实践善行于生活

在日常生活中，我们都会行善，这些善事有大有小，而受惠者有时知道，有时却不知情。这些善事包括为陌生人推门、捐血、帮朋友搬屋、探望年老亲人或撰写信件问候别人等。在未来一年，我会积极实践以下善举：

☐ 1.捐钱物给志愿机构或有需要人士

☐ 2.捐献金钱给以下机构：____________________

☐ 3.制作小饰物送给________________________

☐ 4.推动家人参与以下活动：__________________

____

☐ 5.送热饮给邻近的流浪汉

☐ 6.探访居住在____________________的人

☐ 7.提醒亲朋关心身边有需要的人

☐ 8.在工作地点推动以下计划：________________

____

☐ 9.在开张的店铺向以下人士提供折扣优惠：______

____

☐ 10.邀请新相识的朋友到访及用餐

☐ 11.当同事有需要时，主动关心他及邀请他详谈

☐ 12.告诉上司你欣赏他/她的地方

☐ 13.在夜深时陪伴朋友步行至安全的地点

☐ 14.以问候卡或其他方法向面对困难的同事表达关怀

☐ 15.主动提出愿意协助朋友在需要时协助他/她照顾孩子

☐ 16.记下别人的生日或重要事件

☐ 17.分担过劳同事的工作

☐ 18.主动提出愿意协助同事办理不讨好的工作

☐ 19.与同事分享励志的说话

☐ 20.协助同事掌握新技巧

☐ 21.其他：________________________________

____

____

____

____

为了让我能有助人为快乐之本的经验，我提醒自己：

☐ 避免与别人的善行做出比较

☐ 不要过分介怀对方的反应

☐ 量力而为，适当运用个人资源

☐ 掌握基本沟通技巧，聆听及了解对方的需要

☐ 对人保持善意及信任态度

测验八：同理心的表现

5：非常像我/非常同意
4：像我/同意
3：不太确定
2：不像我/不同意
1：一点都不像我/一点都不同意

难受感觉	选项
当我看到小孩子被父母辱骂时，我会感到难受	5 4 3 2 1
不公平的事会使我感到愤慨	5 4 3 2 1
当我帮助别人时，我会感觉良好	5 4 3 2 1
看到别人陷入困境时会使我不安	5 4 3 2 1
从书本或录像片看到小童患重病时我会十分难受	5 4 3 2 1
我十分不愿意看到别人在病床上呻吟	5 4 3 2 1
当看到其他人能够互相以礼相待时我会感到快乐	5 4 3 2 1
我会被某些乐章感动而落泪	5 4 3 2 1
接触情绪忧郁的人使我心情沉重	5 4 3 2 1
我对其他人有很深的感受	5 4 3 2 1
项目分数	

续上表

分享快乐	选　项
我十分留意别人的愉快经验	5 4 3 2 1
与快乐的人相处使我生活感到十分充实	5 4 3 2 1
我很自然分享别人的成功	5 4 3 2 1
当别人开怀大笑时，我也会自然地跟随	5 4 3 2 1
其他人十分乐于与我分享开心的事情	5 4 3 2 1
即使背景或种族文化不同，我也会为有杰出成就的人感到骄傲	5 4 3 2 1
我相信真正的快乐是可以互相分享的	5 4 3 2 1
我经常在别人特别的日子中赠送祝福	5 4 3 2 1
我不会妒忌比我拥有更多的人	5 4 3 2 1
我很自然响应别人的开心经验	5 4 3 2 1
项目分数	
情绪意识	**选　项**
我十分留意其他人的情绪反应	5 4 3 2 1
我认为留意对方的身体语言对沟通是十分重要的	5 4 3 2 1
我能明确形容别人的感觉	5 4 3 2 1
掌握别人的感觉让我更了解对方	5 4 3 2 1
其他人认为我十分了解他 / 她的感受	5 4 3 2 1
对方情绪转坏时我会很快察觉得到	5 4 3 2 1
不管对象是谁，我都能耐心聆听	5 4 3 2 1
当对方难过时我会尝试了解个中的原因	5 4 3 2 1
我会依据不同对象而改变情绪表达方式	5 4 3 2 1
我可以从对方的身体语言判读他的情绪	5 4 3 2 1
项目分数	

续上表

情绪感应	选　项
我很容易与其他人一同哀伤	5 4 3 2 1
有时我感到自己太容易被对方的情绪影响	5 4 3 2 1
我的梦境常有强烈的情绪片段	5 4 3 2 1
我看悲剧电影时很容易被情节触动	5 4 3 2 1
我阅读小说时会被内容牵动情绪	5 4 3 2 1
我很容易感应到对方的情绪状况	5 4 3 2 1
在节日外出时我会被群众的高涨情绪影响	5 4 3 2 1
别人容易认为我是一个感情丰富的人	5 4 3 2 1
想起童年的往事时我仍会有很深的感受	5 4 3 2 1
我感性的一面使我成为一个好的聆听者	5 4 3 2 1
项目分数	

续上表

代入处境	选 项
我是个十分能被带入小说及文学作品的人物	5 4 3 2 1
即使对方没有直接表达，我也能理解别人的困难	5 4 3 2 1
别人有困难时，我能热心伸出援手	5 4 3 2 1
与人相处时，我会避免触及对方敏感的话题	5 4 3 2 1
我能设身处地为人着想	5 4 3 2 1
当其他人伤害我时，我会尝试理解他的处境及原谅他	5 4 3 2 1
我会为对方保留面子	5 4 3 2 1
在提出个人意见时，我会先考虑对方的感受	5 4 3 2 1
我能听出别人的弦外之音	5 4 3 2 1
与人沟通时我会考虑对方的背景而做出调节	5 4 3 2 1
项目分数	

评分指引	低← 中 →高
难受感觉	10....15....20....25....30....35....40....45....50
分享快乐	10....15....20....25....30....35....40....45....50
情绪察觉	10....15....20....25....30....35....40....45....50
情绪感应	10....15....20....25....30....35....40....45....50
代入处境	10....15....20....25....30....35....40....45....50

第六式： 常怀宽厚

●重点

●个人经验

测验九：个人宽恕信念/行为量表

5：非常像我/非常同意
4：像我/同意
3：不太确定
2：不像我/不同意
1：一点都不像我/一点都不同意

个人信念	选项
宽恕等于容许伤害我的人继续他们的行径	5 4 3 2 1
宽恕使别人产生错觉，认为是我有问题，而不是伤害我的人有问题	5 4 3 2 1
我不能忘记被伤害的经历，因此也无从宽恕	5 4 3 2 1
我不希望接触伤害我的人，所以宽恕是不可能的	5 4 3 2 1
宽恕勾起我痛苦的回忆，使我再次受伤害	5 4 3 2 1
项目分数	
一般信念	**选项**
宽恕对受害者是不公平的	5 4 3 2 1
宽恕是弱者的表现	5 4 3 2 1
对于犯了严重错误的人是不应该姑息的	5 4 3 2 1
宽恕不会改变别人的错误行为	5 4 3 2 1
宽恕并不是一种有效解决问题的方法	5 4 3 2 1
项目分数	

续上表

意　识	选　项
当我犯错时，我会尝试鼓励及安慰自己	5 4 3 2 1
我十分珍惜从错误中学习的机会	5 4 3 2 1
当我对人怀恨或抱怨时，我会很快察觉得到	5 4 3 2 1
对于是否原谅别人经常成为我的内心挣扎	5 4 3 2 1
我经常留意对方的处境以助我接纳其他人	5 4 3 2 1
项目分数	
行　动	**选　项**
我不会逃避那些曾经伤害我的人	5 4 3 2 1
我乐于接受别人的道歉	5 4 3 2 1
在我的亲密朋友中，有些曾经与我发生严重冲突	5 4 3 2 1
我努力使我的生活环境保持和谐的人际关系	5 4 3 2 1
我曾努力帮助其他人（包括夫妻、亲戚或朋友），互相宽恕	5 4 3 2 1
项目分数	

评分指引	低←———　中　———→高
个人信念	5 . . . . 10. . . . 15. . . . 20. . . . 25
一般信念	5 . . . . 10. . . . 15. . . . 20. . . . 25
意识	5 . . . . 10. . . . 15. . . . 20. . . . 25
行动	5 . . . . 10. . . . 15. . . . 20. . . . 25

第七式：天伦情话

●重点

●个人经验

测验十：家庭快乐七式

5：非常像我/非常同意 4：像我/同意 3：不太确定 2：不像我/不同意 1：一点都不像我/一点都不同意	
积极进取	**选　项**
我们意识到自己的压力，并以适当的方法处理	5 4 3 2 1
我们会为自己所犯的错误负责	5 4 3 2 1
我们努力寻求方法解决问题，而甚少彼此埋怨	5 4 3 2 1
我们学习将注意力放在能力范围之内可以解决的问题	5 4 3 2 1
虽然我们认识彼此的弱点，但仍能互相欣赏及学习	5 4 3 2 1
无论大小事情，我们都会预先按家庭的整体需要作出计划	5 4 3 2 1
我们主动与其他家庭成员建立个别的关系	5 4 3 2 1
项目分数	
目标为本	**选　项**
我们不断努力发掘彼此的才能及兴趣	5 4 3 2 1
我们运用专长互相帮助	5 4 3 2 1
我们帮助其他家庭成员发掘才能及兴趣	5 4 3 2 1
我们经常谈论有关生活意义的话题	5 4 3 2 1
项目分数	

续上表

要事为先	选　项
我们会特别安排时间接触其他家庭成员，建立良好关系	5 4 3 2 1
我们安排时间共叙天伦，分享生活的经验	5 4 3 2 1
我们努力了解每个家人的需要，善用在一起的时间	5 4 3 2 1
我们遵守承诺及重视对家人做出的承诺	5 4 3 2 1
在假日或特别的日子，我们会安排一些特别的家庭活动	5 4 3 2 1
我们不容许自己被繁忙的生活牵绊而影响与家人共聚的时间	5 4 3 2 1
项目分数	
立己立人	**选　项**
我们向家人提供有建设性的意见及适当的选择	5 4 3 2 1
我们十分了解彼此的喜好，不勉强对方参与不喜欢的活动	5 4 3 2 1
我们只会制定基本的家庭规则，不希望家人感到束缚	5 4 3 2 1
我们以具体行动表达对家人的尊重	5 4 3 2 1
项目分数	
知彼知己	**选　项**
我们互相鼓励表达个人的感受	5 4 3 2 1
当聆听家人的心声时，我们会先放下自己的工作	5 4 3 2 1
当我们谈话时，我们会尝试从对方的角度理解事情	5 4 3 2 1
我们能清楚表达自己的想法，而不会随便埋怨其他人	5 4 3 2 1
项目分数	

续上表

集思广益	选　项
我们会尊重其他家人的选择，即使大家的做法有所不同	5 4 3 2 1
我们尊重每个人的兴趣，不随意挑战对方的生活方式	5 4 3 2 1
我们帮助每个人发展自己的兴趣及才能	5 4 3 2 1
与其彼此埋怨，我们宁愿互相帮助寻求问题的解决方法	5 4 3 2 1
我们留意对方的优点多于互相数落弱点	5 4 3 2 1
项目分数	
好学不倦	**选　项**
我们不断努力改善自己与家人的关系	5 4 3 2 1
我们不断学习新知识，让自己思想与时并进	5 4 3 2 1
我们不断修养内心，让自己能够活出真善美	5 4 3 2 1
我们不断努力改善生活质量	5 4 3 2 1
我们主动及开放地倾谈提升大家生命质量的方法	5 4 3 2 1
我们积极支持及鼓励所有家人迈步成长	5 4 3 2 1
项目分数	

评分指引	低 ← 中 → 高
积极进取	5 . . . . 10. . . . 15. . . . 20. . . . 25. . . . 30. . . . 35
目标为本	5 . . . . 10. . . . 15. . . . 20. . . . 25. . . . 30. . . . 35
要事为先	5 . . . . 10. . . . 15. . . . 20. . . . 25. . . . 30. . . . 35
立己立人	5 . . . . 10. . . . 15. . . . 20. . . . 25. . . . 30. . . . 35
知彼知己	5 . . . . 10. . . . 15. . . . 20. . . . 25. . . . 30. . . . 35
集思广益	5 . . . . 10. . . . 15. . . . 20. . . . 25. . . . 30. . . . 35
好学不倦	5 . . . . 10. . . . 15. . . . 20. . . . 25. . . . 30. . . . 35

●家庭反思

■优点：

____

____

____

____

____

____

■需要改善的地方：

■改善方法：

参考文献

[1] Brickman P, Campbell D T.Hedonic relativism and planning the good society. In M.H. Appley (Ed.), Adaptation level theory: A symposium. New York: Academic,1997:287-302.

[2] Davidson R J.The neural circuitry of emotion and affective style: prefrontal cortex and amygdala contributions. Social Science Information,2001,40:11-37.

[3] Diener E,Lucas R E,Scollon C N.Beyond the hedonic treadmill: Revising the adaptation theory of well-being. American Psychologist,2006,61:305-314.

[4] Duckworth A L, Steen T A, Seligman M E P. Positive Psychology in Clinical Practice. Annual Review of Clinical Psychology,2005,1:629-651.

[5] Lazarus R S. Does the positive psychology movement have legs? Psychological Inquiry,2003,14: 93-109.

[6] Seligman M E P. Authentic happiness: Using the new

positive psychology to realize your potential for lasting fulfillment. New York: Free Press,2002.

[7] Seligman M E P. Flourish: A visionary new understanding of happiness and well-being.New York: Free Press,2011.

[8] Seligman M E P, Steen T A, Park N, 2001. Peterson C. Positive psychology progress: Empirical validation of interventions. American Psychologist, 2005,60:410-421.

[9] Shelton C M. Achieving moral health. New York: Crossroad,2000.

[10] Snyder C R, Lopez S J(Eds.). Handbook of positive psychology. New York: Oxford University Press,2002.

[11] 罗苑华，潘惠玲，萧碧银.活得好——活用正面心理学. 香港：经济日报出版社,2006.

[12] 刘远章,陶兆辉.我选择快乐·快乐心理学.7版. 香港：明窗出版社，2006.

[13] BBC Series. "The Happiness Formula" June, 2006: http://news.bbc.co.uk/1/hi/programmes/happiness_formula/.

[14] World Database of Happiness. http://worlddatabaseof-

happiness.eur.nl/.

［15］The Positive Psychology Center Webpage. http://www.positivepsychology.org/.

［16］The Site for Authentic Happiness by Martin Seligman. http://www.authentichappiness.org.

［17］联合医院情绪健康教育中心.http://www.ucep.org.hk/Face_on_psychology/Face_on_psychology.asp.

［18］Happiness Club – an organization with the mission to promote the benefits of being happy through meetings, newsletters, and an informative web site. http://www.happinessclub.com/.

［19］品德情意教材及资料. http://www.hcps.edu.hk/learning/pg_civiledu.htm.

［20］积极心理学网站. http://jky.scnu.edu.cn/jjxlx/index.asp.

品格长处的发掘及应用

［21］Aspinwall L G,Staudinger U M. (Eds.). A psychology of human strengths: Fundamental questions and future directions for a positive psychology. Washington, DC: American Psychological

Association,2003.

[22] Buckingham M, Clifton D O. Now, discover your strengths. New York: Free Press,2001.

[23] Peterson C, Seligman M E P. Character strengths and virtues, handbook and classification. Oxford, UK: Oxford University Press,2004.

[24] Schwartz S H. Universals in the content and structure of values: Theoretical advances and empirical tests in 20 countries. In M.P. Zanna (Ed.), Advances in experimental social psychology . San Diego, CA: Academic Press,1992.Vol. 25, pp. 1−65.

[25] The strength test at the Authentic Happiness website: www.authentichappiness.org.

快乐教练的使命

[26] Frisch M B. Quality of life therapy: Applying a life satisfaction approach to positive pscchology and cognitive therapy. New Jersey: Johy Wiley & Sons, Inc.,2006.

[27] Martin C. The life coaching handbook: Everything you need to be an effective life coach. UK:Crown House

Publishing Ltd.,2001.

[28] 刘远章,陶兆辉.人生教练——如何飞越知识型社会. 香港：明窗出版社,2004.

[29] 刘远章,陶兆辉.赢一场人生——助人提升的42种教练规律. 香港：明窗出版社,2006.

[30] Website of Dr. Kauffman on coaching. http://positivpsychologycoaches.com/ .

[31] 香港国际专业教练协会网站. http://www.coachinghk.org/index.htm.

评估工具

[32] Clark L A, Watson D. Tripartite model of anxiety and depression: Psychometric evidence and taxonomic implications. Journal of Abnormal Psychology, 1991,100:316-336.

[33] Crawford J R, Henry J D. The positive and negative affect schedule (PANAS): Construct validity, measurement properties and normative data in a large non-clinical sample. British Journal of Clinical Psychology,2004,43:245-265.

[34] Demos Virginia E. “An Affect Revolution: Silvan Tompkin’ s Affect Theory” .Exploring Affect: The Selected Writings of Silvan S. Tompkins. Ed. Virginia E. Demos. New York: Press Syndicate of the U. of Cambridge, 1995: 17–26.

[35] Ekman Paul. “Universal and Cultural Differences in Facial Expression of Emotion” .Nebraska Symposium on Motivation. Ed. J. R. Cole. Lincoln: U of Nebraska P, 1972: 207–283.

[36] Watson D, Clark L A. & Tellegen, A.Development and validation of brief measures of positive and negative affect: The PANAS scales. Journal of Personality and Social Psychology, 54, Issue 6.1998.

第一式：感谢与赞美

[37] Emmons R A, McCullough M E. Count blessings versus burdens: An experimental investigation of gratitude and subjective well-being in daily life. Journal of Personality and Social Psychology, 2003,84:377–389.

[38] McCullough M E, Emmons R A, Tsang J A. Grateful

Disposition: A conceptual and empirical topography. Journal of Personality and Social Psychology, 2002,82, 112−127.

[39] McCullough M E, Kilpatrick S D, Emmons R A, Larson D B. Is gratitude a moral affect ? Psychological Bulletin, 2001,127, 249−266.

[40] Thanksgiving day and international Year of Thanksgiving. http://www.thanksgiving−day.org/ and http://www.thanksgiving−day.org/international−year−thanksgiving.html.

第二式：健康乐悠悠

[41] Ajzen I, Madden T J. Prediction of goal−directed behavior: Attitudes, intentions, and perceived behavioral control. Journal of Experimental Social Psychology, 1986,22:453−474.

[42] Rosenstock I M. Why people use health services. Milbank Quarterly, 1966,44: 94.

[43] Sherman D A K, Nelson L D, Steele C M (2000). Do messages about health risks threaten the self ? Increasing the acceptance of threatening health messages via self−affirmation. Personality and Social Psychology Bulletin, 26:1046−1058.

[44] Sherman D K, Cohen G L. Accepting threatening information: Self-affirmation and the reducation of defensive biases. Current Directions in Psychological Science, 2002,11, 119-123.

[45] 王香生.为健康而运动.香港：明报出版社,2003.

[46] 医管局健康信息天地.http://www13.ha.org.hk/healthinfoworld/index.aspx.

[47] 卫生署中央健康教育组——健康地带之专业领域.http://www.cheu.gov.hk/b5/professional/index-tm.htm.

第三式：敬业乐业

[48] Baker L A, Cahalin L P, Gerst K, Burr J A. Productive activities and subjective well-being among older adults: The influence of number of activities and time commitment. Social Indicators Research, 2005,73:431-458.

[49] Csikszentmihalyi M. Finding Flow: The psychology of engagement with everyday life. New York: Basic Books,1997.

[50] Csikszentmihalyi M. Flow: The psychology of optimal experience. New York: HarperCollins,1990.

[51] Wrzesniewski A, McCauley C R, Rozin P, Schwartz,